Anna Hájková

Menschen ohne Geschichte sind Staub

Queeres Verlangen im Holocaust

Anna Hájková

Menschen ohne Geschichte sind Staub

Queeres Verlangen im Holocaust

WALLSTEIN VERLAG

Bibliografische Information der Deutschen Nationalbibliothek

Die Deutsche Nationalbibliothek verzeichnet diese Publikation in der Deutschen Nationalbibliografie; detaillierte bibliografische Daten sind im Internet über http://dnb.d-nb.de abrufbar.

Dritte Auflage, 2026
Wallstein Verlag GmbH
Geiststr. 11, 37073 Göttingen
www.wallstein-verlag.de
info@wallstein-verlag.de

Vom Verlag gesetzt aus der Stempel Garamond
Umschlaggestaltung: Filip Kraus
Druck und Verarbeitung: Pustet, Regensburg

ISBN 978-3-8353-5641-2

Inhalt

Vorbemerkung der Autorin zur zweiten Auflage

Es ist ein großes Privileg, dass mein kurzes Buch über queere Holocaustgeschichte in erweiterter zweiter Auflage erscheinen kann. Zuspruch und Ermunterung vieler Kolleg_innen auf der ganzen Welt sind hierfür auch ein Grund. Mein Dank gilt vor allem meinen Freunden und Freundinnen François Guesnet, Benjamin Hett, Martin Winter, Ervin Malakaj, Laurie Marhoefer und Jennifer Evans. Sie sind mir eine Inspiration, großzügig und geduldig zu bleiben und die Dinge zu hinterfragen. »We're all smart. Distinguish yourself by being kind«, sagt ein englisches akademisches Sprichwort: »Wir sind alle klug. Zeichne Dich aus durch Freundlichkeit.« Es ist eine Maxime, die wir Akademiker_innen uns öfter zu Herzen nehmen sollten. Mein Lektor bei Wallstein, Florian Welling, war eine große Hilfe, konstruktiv und verständnisvoll, ihm danke ich ihm von Herzen.

Die erste Auflage von *Menschen ohne Geschichte sind Staub* hatte noch einen anderen Untertitel und wurde in einem der ersten Lockdowns geschrieben. Anfang Januar 2021 brach in Großbritannien die Alpha-Variante von Covid-19 aus. Für drei Monate war alles geschlossen – auch die gerade für mich so wichtigen Bibliotheken, Schwimmbäder und Cafés. Ich verließ mich auf die Großzügigkeit von Freund_innen, Kolleg_innen und Fremden auf Twitter, die mir Literatur empfahlen, PDFs ihrer eigenen Publikationen teilten oder mir ganze Passagen abfotografierten.

Das hier nun vorliegende Buch umfasst zwei überarbeitete und erweiterte Fassungen meiner bei Wallstein publizierten Arbeiten. Sie lassen sich beide zusammen als Monografie lesen, aber auch getrennt voneinander. Das namensgebende zweite Kapitel erschien in der Reihe Hirschfeld Lectures der Bundesstiftung Magnus Hirschfeld im Juni 2021 – zwei Jahre später war es ausverkauft. Für diese zweite Auflage konnte ich wieder jene Arbeit mit wissenschaftlicher Literatur leisten, die mir während der Pandemie nicht möglich war. Die Fußnoten bieten punktuell Einblick in die in diesen Jahren erschienene Forschungsliteratur. Hinzugefügt habe ich zudem ein neues Kapitel, und zwar über den tschechischen Holocaustüberlebenden Jiří Vrba. William Jones' Forschung inspirierte mich dazu, Aspekte zu sexueller Gewalt in dem Abschnitt zu Nate Leipciger neu zu interpretieren. Der konservative Backlash und Verbote in den Jugendbibliotheken in den USA gaben Anlass, eine neue Passage in dem Abschnitt zu Anne Frank aufzunehmen.

Meine Freundin Margot Heuman starb im Mai 2022. Sie mochte das Kapitel, das ich über sie schrieb, und bei meinem letzten Besuch Anfang April 2022 bei ihr in Arizona lag das »kleine gelbe Buch« prominent in ihrem Wohnzimmer. Leser_innen der ersten Ausgabe wird vielleicht auffallen, dass Margots Freundin »Emma« nun einen neuen, ihren eigentlichen Namen trägt. Als Margots Nachruf in der New York Times erschien, verwendete die Journalistin den vollen Mädchennamen von Margots Freundin: Edith (Dita) Neumann. Margots Sohn Dan stellte der Zeitung auch das Bild der beiden Frauen zur Verfügung. Warum hatte ich in der ersten Auflage den Namen geändert? Aufgrund eines Enkelkinds von Dita, das Margot unter Druck setzte, den Namen der lang verstorbenen Großmutter aus Margots Geschichte herauszuhalten. Margot war die Homophobie dieser Forderung bewusst, tat aber wie gefordert, aus Angst. Nun kann Dita bei ihrem eigentlichen Namen genannt werden, ihren Namen zurück erhalten.

Das erste Kapitel dieses Buches dient als Einführung in das, was queere Holocaustgeschichte ist, welche immensen

Schwierigkeiten sie überwinden musste – und immer noch muss. Es basiert auf meinem gleichnamigen Aufsatz aus dem bei Wallstein publizierten *Jahrbuch Sexualitäten*, 2018. Es war mein erster (und der erste überhaupt) wissenschaftlicher Text zu queerer Holocaustgeschichte, und für den vorliegenden Band schrieb ich diesen mit Blick auf ein breiteres Publikum um. Einige Passagen habe ich gestrichen, andere fügte ich neu hinzu. Beispielhaft möchte ich dies am Abschnitt zu Fredy Hirsch erläutern. Über die Jahre kam ich zu dem Schluss, dass wir in der queeren Geschichte offen sein müssen für schwierige und ambivalente Geschichten. Dazu gehört auch, dass Fredy Hirsch (und manche andere queere Protagonisten) Kinder und Jugendliche sexuell missbrauchten.

Trans ist derweil wohl der spannendste Zweig queerer Geschichte. Eine Einladung aus dem New Yorker Museum of Jewish Heritage im Juni 2022 an der Seite der fantastischen Katie Sutton und Bodie Ashton sowie der Rabbinerin Marisa Elana James stellte für mich eine Herausforderung dar, denn ich hatte noch nie davor eine trans Geschichte geschrieben, auch wenn ich zu dem Thema las und unterrichtete. In diesem Buch nun setze ich mich mit Clown Hambo, einer geschlechtsnonkonformen Person, auseinander und biete somit zu diesem Thema eine Perspektive. Die Passage über Anneliese Kohlmann habe ich indes ausgelassen, da ich über sie einen gesonderten Aufsatz in der Zeitschrift *German History* publiziert habe und ein Buch über sie schreibe. Schließlich entfernte ich die Passage, in der ich über die homophoben Attacken auf mich selbst berichte. Ich wollte den Blickpunkt weniger auf mir selbst haben – als vielmehr auf der Geschichte selber.

Den Vertrag zu der zweiten Auflage dieses Buches unterschrieb ich im Sommer 2023. Ich glaube, ich werde mich an diesen Sommer immer mit einem Lächeln erinnern – es war der Sommer, in dem meine Frau, Albane Duvillier, und ich zweimal heirateten. Einmal standesamtlich in unserem Zuhause in London, und beim zweiten Mal feierten wir in meiner Geburtsstadt in Prag, wo unsere Ehe nicht anerkannt wird. In Tschechien gibt es keine Ehe für alle. Albanes Liebe brachte mir bei, mich auf die Gegenwart zu konzentrieren, weniger nachtragend zu sein und mich über das zu freuen, was ich habe. In dem Herbst, der auf den Hochzeitssommer folgte, dachte ich oft darüber nach, wie ungemein tragisch die Geschichten sind, die ich auf diesen Seiten erzähle, und wie glücklich ich mit Albane bin. Auch das ist ein großes Privileg, und so schließe ich mit Lächeln und Liebe.

Den Holocaust queer erzählen

Wie können wir den Holocaust queer erzählen? Diese Frage hat sich meines Wissens bisher noch niemand gestellt.[1] Das vorliegende Kapitel bietet den ersten Forschungsblick auf queere Geschichte des Holocaust, also auf gleichgeschlechtliches Verlangen, das Jüdinnen und Juden, die von den Nazis als Juden verfolgt worden sind, erlebten. Diese Geschichte zu erzählen ist schwierig: Die Gesellschaft der Holocaustopfer war durchsetzt von Homophobie; Menschen, die sich an queerer Intimität beteiligten, wurden hier zumeist als abstoßend betrachtet. Dieses Vorurteil brachte die Stigmatisierung der Queerness mit sich und diejenigen Überlebenden, die über ihre Erlebnisse der queeren Liebe hätten

1 Seit der ersten Auflage folgten etliche Forscher_innen meinem Beispiel: Noam Sienna (Hg.), *A Rainbow Thread: An Anthology of Queer Jewish Texts from the First Century to 1969*, Philadelphia 2019; Dorota Glowacka, Sexual Violence Against Men and Boys During the Holocaust: A Genealogy of (Not-So-Silent) Silence, in: *German History* 39 (1) 2021, S. 78-99; Uta Rautenberg, Homophobia in the Nazi Camps, https://wienerholocaustlibrary.org/2020/05/22/440/ (letzter Zugriff 31. Dezember 2023); Stefanie Schüler-Springorum, Homophobe Erinnerungen: Eine Analyse von Zeitzeugnissen des Holocaust, in: *Ravensbrück denken: Gedenk- und Erinnerungskultur im Spannungsfeld von Gegenwart und Zukunft*, hg. von Sabine Arend und Petra Fank, Berlin 2020, S. 74-81; Florian Zabransky, Male Jewish Teenage Sexuality and Memory in Nazi Germany, in: *If this is a woman: Studies on Women and Gender in the Holocaust*, hg. von Denisa Nešťáková, Katja Grosse-Sommer, Borbála Klacsmann und Jakub Drábik, Boston 2021, S. 243-263; Zavier Nunn, Trans Liminality and the Nazi State, in: *Past & Present* 260.1 (2023), S. 123-157; Laurie Marhoefer, Transgender Life and Persecution under the Nazi State: Gutachten on the Vollbrecht Case, in: *Central European History* (2023), S. 1-7.

erzählen können, wirksam zum Schweigen. Deshalb setzt sich dieses Kapitel auch mit Homophobie in den Zeugnissen der Überlebenden auseinander, mit deren Einfluss auf die Forschungsliteratur, das Erinnern und zugleich Gedenken und die daraus resultierende Archivlücke der queeren Erfahrung. Es zeigt auch Beispiele, wie wir mit dieser Quellenlage queere Biografien aus dem Holocaust schreiben können und was die Holocaustgeschichte daraus gewinnen kann.

Diese Geschichten zu erzählen ist wahrlich nicht einfach. Die überwiegende Mehrheit der Selbstzeugnisse aus dem Holocaust, die queeres Verlangen erwähnen, sind aus einer homophoben Perspektive heraus erzählt. Zumeist erscheinen queere Personen in den Zeugnissen der Opfer und der Überlebenden als gefährlich, deviant, ja sogar als monströs – immer »anders« in den Augen der Erzählenden. Diese Berichte stammen nicht nur von nichtjüdischen Kapos, sondern oftmals auch von jüdischen Mithäftlingen.

Zeugnisgeben ist immer ein sozialer Akt, das heißt, wir erzählen unsere Leben innerhalb eines Rahmens des gesellschaftlich Möglichen. Die Stigmatisierung des queeren Verlangens führte dazu, dass so gut wie keine Holocaustüberlebenden mit diesen Erfahrungen – und diejenigen, die sich als lesbisch oder schwul verstanden – ihre Lebensgeschichte erzählten. Wenn sie es taten, verschwiegen sie ihre eigene Queerness.

Woher kam diese Homophobie?[2] Wieso fühlten sich

2 Diese Homophobie zeigte sich trotz der Liberalisierung der Homosexualität in vielen Ländern Mittel- und Osteuropas. Die Forschung zu queerem Leben der Zwischenkriegszeit in Mitteleuropa umfasst Studien wie: Claudia Schoppmann, *Zeit der Maskierung: Lebensgeschichten lesbischer Frauen im »Dritten Reich«*, Berlin 1993; Ines Rieder, *Heimliches Begehren: Die Geschichte der Sidonie C.* Wien 2000; Andreas Pretzel, Homosexuality in the Sexual Ethics of the 1930ies: A Values Debate in the Culture Wars between Conservatism, Liberalism, and Moral-National Renewal, in: After the History of Sexuality: German Genealogies,

Menschen, deren Familien ermordet wurden, die unter Hunger, Gewalt, Schmutz und Zwangsarbeit litten, dermaßen von gleichgeschlechtlichen, oftmals einvernehmlichen sexuellen Aktivitäten bedroht? Es ist bemerkenswert, dass sich Holocaustopfer von gleichgeschlechtlicher Intimität nicht nur dann gepeinigt fühlten, wenn sich jemand mit queerem Verlangen ihnen näherte, sondern auch, wenn sie Augenzeugen von queerem Verlangen anderer waren. Wanda Połtawska, die polnische Widerstandskämpferin, fragte sich gar, ob die lesbischen Mithäftlinge in ihrer Baracke überhaupt »noch Menschen« waren.[3] Die Markierung einiger

with and beyond Foucault, hg. von. Scott Spector, Helmut Puff und Dagmar Herzog, New York 2012, S. 202-215; Jan Seidl, Jan Wintr und Lukáš Nozar, *Od žaláře k oltáři: Emancipace homosexuality v českých zemích od roku 1867 do současnosti*, Brno 2012; Marti Lybeck, *Desiring Emancipation: New Women and Homosexuality in Germany, 1890-1933*, Albany 2014; Robert Beachy: *Das andere Berlin. Eine deutsche Geschichte, 1867-1933*, München 2015; Laurie Marhoefer, *Sex and the Weimar Republic. German Homosexual Emancipation and the Rise of the Nazis*, Toronto 2015; Paulina Pająk, ›Echo Texts‹: Woolf, Krzywicka, and *The Well of Loneliness*, in: *Woolf Studies Annual* 24 (2018), S. 11-34; Javier Samper Vendrell, *The Seduction of Youth. Print Culture and Homosexual Rights in the Weimar Republic*, Toronto 2020; Anita Kurimay, *Queer Budapest, 1873-1961*, Chicago 2020; Laurie Marhoefer, *Racism and the Making of Gay Rights: A Sexologist, His Student, and the Empire of Queer Love*, Toronto 2022; Kamil Karczewski, Transnational Flows of Knowledge and the Legalisation of Homosexuality in Interwar Poland, in: *Contemporary European History* (2022): S. 1-18.

3 Wanda Połtawska: *Und ich fürchte meine Träume*. Übersetzt von Eva Luhn Geiger, Abensberg 1994, S. 59. Ich danke Andrea Genest, dass sie mir eine Kopie der betreffenden Seite zukommen ließ. Zu Homophobie siehe: Insa Eschebach, Geschichte und Gedenken: Homophobie, Devianz und weibliche Homosexualität im Konzentrationslager Ravensbrück, in: *Homophobie und Devianz: Weibliche und männliche Homosexualität im Nationalsozialismus*, hg. von dies., Berlin 2012, S. 65-79, hier S. 65; Ulrike Janz, Zeugnisse

Holocaustoper als Monster hatte Einfluss darauf, wie an sie erinnert, was von ihnen überhaupt erzählt und gesammelt wurde und was schließlich als »geeignete Geschichte« galt.

Das vorliegende Kapitel untersucht diese ausgeblendeten queeren Geschichten. Indem ich die Geschichten von Menschen, die als so abnorm angesehen wurden, dass man am besten nicht über sie redete, schreibe, widme ich mich zugleich dem größeren Thema, wie normativ Holocaustgeschichte geschrieben wird. Mein Ziel ist es nicht nur, queere Juden Teil der Shoahgeschichte werden zu lassen; ich möchte auch aufzeigen, aus welcher Perspektive heraus queere Erfahrung ausgeklammert wurde. Queere Holocaustgeschichte hilft uns, das Narrativ einer erlösenden Geschichte zu erkennen, eine Form, in der dieser Genozid oft erzählt wird.

Eine Geschichte der Sexualität im Holocaust, insbesondere einer queeren Sexualität, hilft die unrealistische und ahistorische Erwartung von Helden und Heiligen zu umschiffen. Viele, wohl die meisten, romantische und sexuelle Beziehungen im Holocaust – zwischen Retter_innen und geretteten Juden, Häftlingen in Konzentrationslagern und Ghettos – waren definiert durch Abhängigkeiten bis hin zu Ausbeutung. In der schrecklichen Welt der Lager hatte Sexualität viele Funktionen – Trost, Freizeitaktivität, sozialer Vertrag und auch Ressource. Sexualität war aber vor allem ein Statement zu Macht und Status. Machthierarchien waren in fast allen sexuellen und romantischen Beziehungen in den Lagern so bestimmend, dass sie uns vor allem dahingehend

überlebender Frauen. Die Wahrnehmung von Lesben/Lesbischem Verhalten in nationalsozialistischen Konzentrationslagern, *FRAZ München*, 2 (1994), S. 21-25, 48-50; 3 (1994), S. 20-3, 40-1; 1 (1995), S. 48-51; Cathy Gelbin, »Double Visions«: Queer Femininity and Holocaust Film from Ostatni Etap to Aimée & Jaguar, in: *Women in German Yearbook*, 23 (2007), S. 179-204.

einen Einblick bieten, wie die Häftlingsgesellschaft Macht aushandelte. Status muss ausgeübt werden, und deswegen musste Sex offen ausgelebt werden, damit dieser als Statusmarker anerkannt werden konnte. Zugang zu Sexualität wurde ein Mittel, die eigene Machtposition zu demonstrieren.[4]

Zu dieser Konstellation gehört auch die Erkenntnis, dass viele dieser hierarchischen Beziehungen von Gewalt durchsetzt waren. Solche Beziehungen konnten zwischen Funktionshäftlingen und jungen Häftlingen stattfinden – oder zwischen Häftlingen und deutschen Bewacher_innen.[5] »Beziehung« ist im Deutschen ein Wort, das ein Einverständnis der Beteiligten nahelegt, im Gegensatz zum englischen Ausdruck »relationship«, das viel offener ist. Dieses Buch will sich ausdrücklich von dieser Annahme verabschieden. Ich glaube, dass das Konzept eines informierten Einverständnisses (informed consent) im Holocaust nicht besonders hilfreich ist, denn Häftlinge brauchten fast immer dringend Schutz und Ressourcen und hatten so keine freie Wahl, die Zwangssituation ohne Nachteil zu verlassen.[6]

Was dieses Kapitel nicht bietet, ist eine komplette Über-

4 Anna Hájková, Sexual Barter in Times of Genocide: Negotiating the Sexual Economy of the Theresienstadt Ghetto, in: *Signs. Journal of Women in Culture and Society* 38,3 (Frühjahr 2013), S. 503-533; Astrid Ley, Sexualität im Männer-KZ zwischen Gewalterfahrung und Tauschverhältnis: Zum Schicksal des Pogrom-Häftlings Siegfried H. im KZ Sachsenhausen, in: *Ravensbrück denken: Gedenk- und Erinnerungskultur im Spannungsfeld von Gegenwart und Zukunft*, hg. von Sabine Arend und Petra Fank, Berlin 2020, S. 52-60.

5 Siehe auch den Abschnitt zu Nate Leipciger in diesem Buch.

6 Ilse van Liempts Analyse des freien Einverständnises ist hier nützlich: Trafficking in Human Beings: Conceptual Dilemmas, in: *Trafficking and Women's Rights,* hg. von Christien van den Anker und Jeroen Doomernik, New York 2006, S. 27-42; siehe auch Anna Hájková, Why we need a history of prostitution in the Holocaust, in: *European Review of History*, 29:2 (2022), S. 194-222.

sicht der queeren Erfahrungen im Holocaust; das wäre Aufgabe einer umfassenden Monografie, oder eher mehrerer Bücher. Ich hoffe, dass ich nachfolgende Forscher_innen mit diesem Kapitel dazu inspirieren kann. Das Kapitel untersucht ebenso wenig eines der bekanntesten und vermutlich besonders häufigen Vorkommnisse der queeren Sexualität im Lager, der gewaltsamen Beziehungen zwischen Kapos und Pipeln (dem widmet sich das zweite Kapitel in dem Abschnitt zu Nate Leipciger). Weiterhin kommen in diesem Kapitel auch nicht die erzwungenen Beziehungen zwischen Aufseher_innen und Häftlingen zur Sprache.[7]

Zur Begrifflichkeit: Wie sollen wir die betroffenen Personen bezeichnen? Es wäre reduzierend und ahistorisch, sie als Schwule, Lesben oder Homosexuelle zu bezeichnen.[8] Nur ein Bruchteil derjenigen, die im Lager die intime Nähe von Personen des gleichen Geschlechts suchten, identifizierte sich davor oder danach (wenn sie das Glück hatten, zu überleben) als solche.[9] Zudem ist zu berücksichtigen, dass die meisten Konzentrationslager monosexuell organisiert wa-

7 Anna Hájková, Between Love and Coercion: Queer Desire, Sexual Barter, and the Holocaust, in: *German History*, 39,1 (März 2021), S. 112-133.

8 Vgl. auch Julian Carter, Introduction, in: *Theory, Methods, Praxis. The History of Sexuality and the Question of Evidence. Journal of the History of Sexuality* 14 (2005), H. 1-2, S. 1-9; Ulrike Janz, Das »Zeichen lesbisch« in den nationalsozialistischen Konzentrationslagern, in: Homosexuelle im Nationalsozialismus. Neue Forschungsperspektiven zu Lebenssituationen von lesbischen, schwulen, bi-, trans- und intersexuellen Menschen 1933 bis 1945, hg. von Michael Schwartz, München 2014; Schoppmann, Zeit der Maskierung (Anm. 1), Vorwort; Estelle Freedman, »The Burning of Letters Continues«. Elusive Identities and the Historical Construction of Sexuality, in: *Journal of Women's History* 9 (Winter 1998), H. 4, S. 181-200.

9 Janz, Das »Zeichen lesbisch« (Anm. 8).

ren. Wollte man sexuell aktiv sein, war neben Masturbation Sex mit Angehörigen des eigenen Geschlechts zumeist die einzige Alternative.[10] Manche der Leute, die sich an queerer Sexualität während der Verfolgung beteiligten, taten dies auch davor und danach. Viele aber nicht. Aber nur wenige dieser Personen verstanden sich als »homosexuell«, einfach aus dem Grund, weil dies eine moderne sexuelle Identität bezeichnet.[11] Wie geht man mit diesem Problem um? Die Aufgabe hier ist, zu historisieren, nämlich zu erkennen, dass die Bedeutung von Sexualität und somit auch die Entstehung einer sexuellen Identität von Zeit, Klasse, Ort und anderen Faktoren abhängt.

Deswegen ist hier von queeren Menschen die Rede, weil dieses Konzept der Offenheit und Komplexität gerecht wird, mit der die Menschen in der Geschichte ihre eigene Sexualität begreifen. Ich stimme mit Jennifer Evans darin überein, sich beim Erforschen der Sexualität in Zusammenhang mit dem Holocaust von dem Konzept Identität zu verabschieden und stattdessen von »Akten und Praktiken« zu sprechen.[12] »Queer« ist ein Sammelbegriff, der Identitätszuschreibung sein kann, aber nicht sein muss; dazuzugehören umfasst sowohl, was die Menschen taten, als auch, wie sie sich verstanden. Die Menschen, über die ich schreibe, waren ein Teil der queeren Geschichte. Schließlich erinnern uns trans Geschichte und Geschichte der geschlechtsnonkonfomen Personen daran, dass wir uns, um deren Geschichte zu

10 Besuche in KZ-Bordellen waren jüdischen Häftlingen untersagt. Robert Sommer, *KZ Bordell*, Paderborn 2009.

11 Die Unterschiede zwischen Deutschland und Großbritannien sind hier instruktiv: Beachy, Das andere Berlin (Anm. 2) and Laura Doan, *Disturbing Practices: History, Sexuality, and Women's Experience of Modern War*, Chicago 2013.

12 Jennifer V. Evans, Why Queer German History?, in: *German History*, 34, 3 (2016), S. 371-384.

verstehen, von unseren Annahmen über Geschlechterrollen und Geschlechtsbinarität verabschieden müssen.[13]

Die Homophobie der Lager gilt es ebenso zu historisieren, denn diese negative Einstellung bedeutete damals etwas anderes als heute. Es wäre ahistorisch und falsch, die Werte einer vergangenen Gesellschaft mit unseren heutigen Augen zu betrachten. Es ist aber genauso wenig hilfreich anzunehmen, dass damals alle homophob gewesen wären.

Die Erforschung der historischen Homophobie ist vergleichbar mit dem Studium des Antisemitismus:[14] Die Tatsache, dass Homophobie in historischem Diskurs verbreitet war, normal war, heißt nicht, dass wir sie nicht erforschen sollen. Wenn wir die Menschenrechtsbewegungen Homosexueller der Zwischenkriegszeit ins Blickfeld nehmen, sind die Entwicklungen in Deutschland, der Tschechoslowakei und Polen aufschlussreich. Nicht nur gab es in Osteuropa lebendige und engagierte Organisationen, sie waren zudem auch erfolgreich. Polen entkriminalisierte Homosexualität 1932, 37 Jahre vor Westdeutschland.[15] Wir sollten also nicht mit der Annahme eines konservativen Osteuropa operieren, sondern eher Fragen stellen wie: Was bedeutete Homophobie in einer bestimmten Situation? Zu welchem Zweck diente sie? Wie ist sie entstanden? Auf diese Weise werden wir die Mechanismen der Häftlingsgesellschaft besser verstehen können, die Homophobie zu einem so wichtigen Bestandteil ihrer Anschauung machten.[16]

13 Siehe auch Susan Stryker, *Transgender History*, Berkeley 2008.

14 Shulamit Volkov: Antisemitism as a Cultural Code. Reflections on the History and Historiography of Antisemitism in Imperial Germany, in: *Leo Baeck Institute Yearbook* 23 (1978), H. 1, S. 25-46.

15 Pająk, ›Echo Texts‹ (Anm. 2).

16 Elizabeth Heineman, Sexuality and Nazism. The Doubly Unspeakable?, in: *Journal of the History of Sexuality* 11, Special Issue: ›Sexuality and German Fascism‹ (Jan.-Apr., 2002), S. 22-66;

Insa Eschebach und Uta Rautenberg zeigten auf, dass Häftlingshomophobie eine extreme Form des »Othering« war.[17] »Lesben« wurden als widerlich, übersexualisiert und »Mannsweiber« dargestellt. In den Berichten erscheinen sie fast immer in einer der »schlechten« Häftlingskategorien, oft als »asoziale« oder »Berufsverbrecherinnen« und zumeist haben sie eine andere Ethnizität als der Erzähler oder die Erzählerin. Eschebach argumentierte, dass die sexualisierte Figur der »Lesbe« eine Erklärung für die schreckliche, gewaltsame Welt der Lager bot; es war eine Personalisierung von all dem, was falsch war an den Lagern. Elizabeth Stephens erklärt, warum die Gesellschaft queere Personen als monströs bezeichnet: einem Monster zu begegnen heißt, eine Begegnung mit dem Unbekannten (strange) zu haben.[18] Queere Körper sind somit Wilde, die die Gesellschaft an das Fremde und Queere des Lebens selbst erinnern. Diese Erklärungen helfen dabei, zu verstehen, warum in der chaotischen, gewaltsamen Welt der Lager gerade die Markierung der queeren Opfer als Monster ein Mittel dazu war, zurechtzukommen und zu verstehen.

Das Kapitel gliedert sich dabei in drei Teile: Der erste untersucht die fehlenden queeren Stimmen in den Holocaustarchiven, das zweite Homophobie in den Zeugnissen der Überlebenden und wie sich diese auf die Forschungsliteratur auswirkten. Der dritte Abschnitt verfolgt queeres Verlangen im Ghetto Theresienstadt und zeigt eine Möglichkeit auf, wie man queere Biografien im Holocaust erforschen kann.

Dagmar Herzog, *Sexuality in Europe: A Twentieth Century History*, Cambridge 2011.

17 Eschebach, Geschichte und Gedenken (Anm. 3); Uta Rautenberg, *Homophobia in Nazi Concentration Camps*, Toronto, im Erscheinen.

18 Elizabeth Stephens, ›Unhallowed Arts‹: or, the Science of Making Monsters, in: *Unhallowed arts*, hg. von Laetitia Wilson, Oron Catts und Eugenio Viola, Perth 2018, S. 119-127, hier S. 125 f.

Unter den zehntausenden Zeugnissen der Holocaustüberlebenden gibt es so gut wie keine queeren Stimmen. Unter den vielen Sammlungen der Oral Histories und der Selbstzeugnisforschung gibt es beinahe keine Sammlung mit dem Schwerpunkt auf queere Holocaustüberlebende, das heißt Menschen, die zwar als Juden verfolgt wurden, die aber in erster Linie vom gleichgeschlechtlichen Begehren erzählen. Drei Memoiren von deutsch-jüdischen Jugendlichen wurden publiziert.[19] Auch wenn die letzten vierzig Jahre für die feministische Holocaustforschung eine produktive Zeit darstellen,[20] fehlten uns bisher Forschungen zu Perspektiven der queeren jüdischen Frauen in den KZs und Ghettos.

Dies ist aus zwei Gründen überraschend: Erstens war das Ablegen eines Zeugnis für die Überlebenden eine wichtige Reaktion auf den Genozid.[21] Es gibt von fast allen Gruppen Zeugnisse: von Zauberern; von jüngeren und älteren

19 Gad Beck, *Und Gad ging zu David: Die Erinnerungen des Gad Beck 1923 bis 1945*, Berlin 1995; Friedrich Dönhoff, *Ein gutes Leben ist die beste Antwort: Die Geschichte des Jerry Rosenstein*, Zürich 2014; Michael Bochow und Andreas Pretzel (Hg.), *Ich wollte es so normal wie andere auch: Walter Guttmann erzählt sein Leben*, Hamburg 2011.

20 Dalia Ofer und Lenore Weitzman (Hg.), *Women in the Holocaust*, New Haven 1998; hier siehe den Artikel von Ruth Bondy (der weiter unten in diesem Kapitel diskutiert wird); Myrna Goldenberg und Amy Shapiro (Hg.) *Different Horrors, Same Hell: Gender and the Holocaust*, Seattle 2013. Dies trifft auch zu auf das sonst wunderbare Buch von Zoe Waxman, *Women and the Holocaust: A Feminist History*, Oxford 2017.

21 Laura Jockusch, *Collect and Record! Jewish Holocaust Documentation in Early Postwar Europe*, Oxford 2012; Alexandra Garbarini: Document Volumes and the Status of Victim Testimony in the Era of the First World War and Its Aftermath, in: *Études arméniennes contemporaines* 5 (2015), S. 113-138.

Zwillingen, die medizinische Zwangsversuche überlebten; von Menschen aus psychiatrischen Anstalten; von Opfern sexueller Gewalt; sogar von Eltern, die ihre eigenen Kinder umgebracht haben.[22] Zweitens ist der Holocaust ein Genozid, dessen Stimmen der Überlebenden, zumindest in den meisten Gebieten der Welt, vergleichsweise extensiv dokumentiert sind.

Man kann die queere Lücke gut an dem Beispiel des größten Archivs der Holocaust Oral History aufzeigen, dem University of South California's Shoah Foundation Visual History Archive (VHA). Für das Archiv, das heute an der University of South California in Los Angeles angesiedelt ist, wurden in den 1990ern über 52000 Menschen interviewt, die während des Holocaust als Juden verfolgt worden waren. Das VHA verfügt auch über Interviewmaterial zu anderen Themenbereichen: »Gerechte unter den Völkern«, Opfer des armenischen Genozids und des Genozids in Ruanda sowie Interviews mit sechs nichtjüdischen Männern, die unter dem Paragraphen 175 von den Nazis verfolgt wurden. Diese Interviews wurden verschlagwortet, und die Stichworte wie »homosexual communities«, »homosexual kapos«, »lesbian prisoners«, usw. führen bei der Recherche zu insgesamt ca. 1000 Treffern. Wenn man dieser Spur folgt, führt sie

22 Zauberer: Herbert Nivelli, WL, P.III.h, 211; mental Kranke: Dori Laub, Breaking the Silence of the Muted Witnesses: Video testimonies of the Psychiatrically Hospitalized Holocaust Survivors in Israel, in: *Lessons and Legacies* vol. VIII, hg. von Doris Bergen, Evanston 2008, S. 175-190; Regina Mühlhäuser, *Eroberungen: Sexuelle Gewalttaten und intime Beziehungen deutscher Soldaten in der Sowjetunion 1941-1945*, Hamburg 2010; Waxman, Women and the Holocaust (Anm. 20); Sara Horowitz, »If He Knows How to Make a Child«. Memories of Birth and Baby Killing in Jewish Testimony Narratives, in: *Jewish Histories of the Holocaust. New Transnational Approaches*, hg. von Norman Goda, New York 2014, S. 135-151.

allerdings fast sämtlich zu freimütig formulierten homophoben Äußerungen oder Berichten, die von gleichgeschlechtlicher sexueller Gewalt unter Männern handeln. Die einzige Ausnahme eines Interviewten, der offen über seine Queerness berichtet, ist Gad Beck.[23] In den Interviews finden sich kaum Hinweise auf einvernehmliche Intimität.

Als mir 2010 diese Auslassung bewusst wurde, machte ich die Kolleg_innen in Los Angeles darauf aufmerksam; die daran anschließende Korrespondenz erwies sich als heikel.[24] Die Kolleg_innen stritten die von mir bemerkte Auslassung nicht nur mit dem Hinweis darauf ab, dass die Stiftung doch über die sechs Interviews mit schwulen Verfolgten verfüge. Sie verstanden nicht, weswegen die Abwesenheit von queeren jüdischen Holocaustüberlebenden ein Problem ist oder weswegen dies eine Folge der Archivpraxis war, die man zur Kenntnis nehmen und kritisch reflektieren sollte. Ihre Sicht war symptomatisch für die Annahme in Holocauststudien generell: als ob alle jüdischen Holocaustverfolgten heterosexuell gewesen wären und alle schwulen Verfolgten Nichtjuden – zwei getrennte Welten. Diese Kategorisierung war so tief eingebettet, dass es nahezu unmöglich war, meine Frage nach jüdischen Holocaustüberlebenden, die queer waren, zu vermitteln. Dies änderte sich in den letzten paar Jahren, wohl aufgrund meiner Forschung und meiner ständigen Nachfragen. Nun versucht die Organisation, die LGBT-Geschichte des Holocaust zu thematisieren: sie stellt ihre Interviews mit den sechs Opfern des Paragraphen 175 in den Mittelpunkt, oder jüdische heterosexuelle Überlebende, die über positive Begegnungen mit queeren Rettern berichten.

23 University of South California's Visual History Archive (VHA), Nr. 22791, Beck.

24 Was folgt, ist meine Lesart unserer Korrespondenz zwischen 2010 und 2018.

Bisher thematisierte die Visual History Foundation nicht die häufige Homophobie in den Oral Histories.[25]

Durch meine Forschung konnte ich zeigen, dass es durchaus Holocaustüberlebende gab, die Sex mit Angehörigen des eigenen Geschlechts gehabt hatten, sogar solche, die sich als schwul oder lesbisch verstanden – und von der VHA interviewt worden waren. Das ist besonders frustrierend, da die meisten Interviews der VHA zwischen 1995 und 1999 gesammelt worden waren, ein Vierteljahrhundert nach den Stonewall-Protesten in New York, der Dekriminalisierung der Homosexualität in Westdeutschland und den Publikationen der ersten bekannten Memoiren von Überlebenden wie Heinz Hegers *Die Männer mit dem Rosa Winkel*.[26]

Eine spezifische Form der queeren Ausradierung kann man an dem Interview von Irene Miller beobachten, einer »halbjüdischen« lesbischen Widerstandskämpferin und Ravensbrück-Überlebenden aus Prag.[27] Miller gab das Interview dem in San Francisco ansässigen Jewish Family and Children's Services, wo sie selbst als Freiwillige arbeitete; später kam das Interview in die VHA-Sammlung. Das ganze Interview hindurch bemühte sich Miller, ihre sexuelle Orientierung und ihre Partnerin zur Sprache zu bringen. Sie tat es auf die Art, wie es jemand ihrer Sozialisation und Generation getan hätte: sie sprach von ihrer »Mitbewohnerin«. Der Interviewer jedoch, ein Mann, ließ es nicht zu – er erkannte

25 Siehe auch den Abschnitt zu Margot Heuman in Kapitel 2.

26 Heinz Heger, *Die Männer mit dem rosa Winkel: Der Bericht eines Homosexuellen über seine KZ-Haft von 1939-1945*, Hamburg 1972; siehe auch Sébastien Tremblay, *A Badge of Injury: The Pink Triangle as Global Symbol of Memory*, Berlin, Boston 2024.

27 Anna Hájková, Aus Prag nach San Francisco: die einzigartige Geschichte der lesbischen Widerstandskämpferin Irene Miller, in: *Ravensbrück denken: Gedenk- und Erinnerungskultur im Spannungsfeld von Gegenwart und Zukunft*, hg. von Sabine Arend und Petra Fank, Berlin 2020, S. 82-91.

nicht, was Miller ihm zu sagen versuchte, vielleicht, weil Homosexualität für ihn in seiner heteronormativen Denkweise gar nicht vorkam.[28] Auf Millers Versuche hin wechselte er das Thema oder sagte, dass er sich für etwas anderes interessiere. In den Stichworten zu dem Interview ist Millers Partnerin Joanne als »andere Beziehung« vermerkt.[29] Als aber Miller von Christa Schikorra interviewt wurde, die selbst lesbisch ist, was sie Miller wissen ließ, konnten sich die beiden Frauen über Millers Queerness unterhalten – in der Sprache, die Miller zur Verfügung stand.[30]

Geschichten wie die Irene Millers lenken unsere Aufmerksamkeit auf den Einfluss der sozialen Erwartungen und die Schlüsselrolle der/s Interviewer_in.[31] Kamen queere

28 Es gibt reichhaltige Literatur zur Unsichtbarkeit lesbischer Geschichte, siehe u.a. Carroll Smith-Rosenberg, »The Female World of Love and Ritual: Relations between Women in Nineteenth-Century America«, in: *Signs* 1,1 (1975), S. 1-29.

29 Zu den Stichworten in VHA, siehe Irene Miller, Interview, 11. Dezember 2002, *Jewish Family and Children's Services*, archived in Visual History Archive, #52553. Siehe auch: Lauren Cantillon, Challenging the Shame Paradigm, 25. März 2021, https://dornsife.usc.edu/cagr/2021/03/25/challenging-the-shame-paradigm-jewish-womens-narratives-of-sexualized-violence-during-the-holocaust/ (letzter Zugriff 31. Dezember 2023) und Carli Snyder, »Questions of Gender and Sexuality in Interviewer Trainings and Holocaust Survivor Testimonies«, 6. Februar 2023, SC Dornsife Center for Advanced Genocide Research, https://www.youtube.com/watch?v=5QUcaMavrSU (letzter Zugriff 16. November 2023).

30 Christa Schikorras Interview mit Irene Miller, April 1995, Privatarchiv Christa Schikorra. Danke an Christa für ihre Großzügigkeit: Sie informierte mich über Miller, digitalisierte das Interview, schickte es mir und ließ mich dazu publizieren.

31 Zum Thema des normativen oder ungeschickten Interviewers in Oral Histories mit Holocaustüberlebenden, siehe Christopher R. Browning, *Remembering Survival: Inside a Nazi Slave-Labor Camp*, Kindle Edition, New York 2010, Kindle Locations 307-309, mit Dank an Waitman Wade Beorn; Erica Lehrer, Can there

Abb. 1: Irene Miller mit Tochter Helene in den USA; © Helene Miller

Themen zur Sprache, reagierten die Interviewenden sehr oft mit lenkenden Fragen, denen normative Homophobie zu Grunde lag. Wer zu Holocaustzeugnissen forschte, untersuchte die Grenzen des Sagbaren, die durch die Öffentlichkeit diktiert werden.[32] Wir sollten uns aber auch auf die

be a conciliatory heritage?, *International Journal of Heritage Studies*, 16:4-5 (2010), S. 269-288, hier S. 278.

32 Michael Pollak, *Grenzen des Sagbaren: Lebensgeschichten von KZ-Überlebenden als Augenzeugenberichte und als Identitätsarbeit*, Frankfurt a.M. 1988; Lawrence Langer, Remembering Survival, in: *Holocaust Remembrance. The Shapes of Memory*, hg. von Geoffrey Hartman, Oxford 1994, S. 70-80; Ulrike Jureit, *Erinnerungsmuster. Zur Methodik lebensgeschichtlicher Interviews mit Überlebenden der Konzentrations- und Vernichtungslager*, Hamburg 1999; Henry Greenspan, The Unsaid, the Incommunicable, the Unbearable, and the Irretrievable, in: *The Oral History Review*, 41,2 (2014), S. 229-243; Noah Shenker, *Reframing Holocaust Testimony*, Bloomington 2015.

normativen Interventionen der Interviewer konzentrieren, die das Erzählen der eigenen Geschichte unmöglich machten – oder zumindest sehr schwierig.[33]

Ein weiterer Grund der Ausradierung dieser Biografien lag an der Konzeption der Interviews selbst. Ein wichtiger Aspekt war die Abschlussszene dieser Interviewreihe, die bestimmt wird von dem Auftritt der Familie der Zeitzeug_in, d.h. der Ehepartner_innen, Kinder und Enkel_innen. Diese Abschlussszene wird als Happy End und als Zeichen des Erfolgs über den Holocaust inszeniert. Erfolg wird damit jedoch ausschließlich heteronormativ gedacht, und es wurde somit verunmöglicht, eine glückliche, erfolgreiche queere Autobiografie zu erzählen. Der kinderlose, ledige homosexuelle Überlebende wäre in dieser Logik ein sozialer Misserfolg gewesen und damit nicht geeignet, Zeugnis abzulegen. Es sind Momente wie diese, die die Archivlücke so ungerecht erscheinen lassen und die der queeren Geschichte des Holocaust eine politische Dimension geben.

Homophobie der Überlebenden

Wie sah die Homophobie in den Oral Histories aus? An zwei Beispielen aus dem VHA möchte ich die homophobe Auslassung demonstrieren. Sientje Backer war eine niederländische jüdische Überlebende, die 1914 in Amsterdam als Sientje Stibbe zur Welt kam. Ihre Verfolgungsodyssee war tragisch und abenteuerlich zugleich. 1942 gab sie als verheiratete Mutter ihre beiden Kinder weg, damit diese untertauchen konnten. Sie selbst wurde nach Vught, Wes-

33 Siehe auch Carli Snyders Beitrag im Forum Queering Jewish Studies, hg. von Anna Hájková und Karolina Krasuska, *Jewish Social Studies*, im Erscheinen begriffen.

terbork und 1943 nach Auschwitz deportiert. Hier wurde sie Opfer der medizinischen Zwangsexperimente durch Carl Clauberg, der ihr ätzende Mittel in die Gebärmutter spritzte.[34] Sie konnte danach keine Kinder mehr bekommen. Als die SS Auschwitz im Januar 1945 evakuierte, wurde Backer zusammen mit tausenden anderen auf den Todesmarsch nach Ravensbrück geschickt und von hier kurze Zeit später in das Außenlager Neustadt-Glewe. Die Frauen, erinnerte sich Backer, mussten durch Schnee laufen, der kniehoch lag, diejenigen, die das Tempo nicht halten konnten, wurden erschossen. »Es war eine schreckliche, schreckliche Zeit«, beschrieb Backer ihre Ankunft in Ravensbrück:

> Als wir in Ravensbrück ankamen, ja, war ich natürlich vollkommen nass. Als wir ins Bett gingen, hatte ich wahnsinnige Angst. Ich wagte nicht zu schlafen, weil ich mich so vor den Lesben fürchtete. [lehnt sich nach vorne] Ich habe mich SO GEFÜRCHTET [Backers Betonung]. Ich kann ihnen gar nicht erzählen, wie sehr ich mich gefürchtet habe. Und ich wagte nicht, mich schlafen zu legen. Aber irgendwie muss ich eingeschlummert sein. Denn als ich aufgewacht war, waren meine gelben Strümpfe weg. [lacht herzlich] Meine gelben Strümpfe. Meine gelben Strümpfe waren weg. Sie haben sie gestohlen, sie müssen ihnen gefallen haben, denke ich.[35]

An diesem Punkt lenkte die Interviewerin durch eine neue Frage auf ein anderes Thema, sie verpasste es somit, die

34 Zu den Versuchen siehe Sari Siegel, Treating an Auschwitz Prisoner-Physician: The Case of Dr. Maximilian Samuel, in: *Holocaust and Genocide Studies*, 28, 3 (Winter 2014), S. 450-481.

35 VHA, Interview von Sientje Backer am 8. Juli 1997, #32515. Alle Übersetzungen, wenn nicht anders angegeben, stammen von mir.

auf der Hand liegenden Nachfolgefragen zu stellen, etwa, warum sich Backer so sehr vor den Lesben fürchtete, oder nach der Bedeutung der gelben Strümpfe. In dem Interviewabschnitt der gefährlichen letzten Monate vor der Befreiung kamen in Backers Erzählung die furchteinflößenden Lesben im gleichen Kontext wie der erschöpfende Marsch durch die Kälte ohne passende Kleidung zur Sprache. Backers eines Stück warmer Kleidung waren jene gelben Strümpfe; zuvor hatte sie schon erwähnt, dass sie nicht mal eine Unterhose hatte. Es ist signifikant, wann in Backers Narrativ Lesben auftauchen: Wenn sie über die Schrecken erzählte, erkennbar nicht nur an ihren Worten, sondern auch vermittelt über Ton, Lautstärke und Körperhaltung. Unter den vielen sehr traumatischen Erfahrungen, die sie während der Nazi-Verfolgung erlebte, die Trennung von ihren Kindern und die medizinischen Experimente, waren es queere Frauen, die Backer in ihrer Erzählung als besonders bedrohlich herausstellte. Eine Erklärung zur Art der Bedrohung gab sie jedoch nicht, und die Interviewerin schuf durch ihr fehlendes Nachfragen einen Kontext, in dem es offensichtlich schien, dass lesbische Häftlinge furchterregend waren. Backers Erzählung der furchteinflößenden Anderen folgt Insa Eschebachs Erklärung von der Konstruktion der monströsen, Schrecken einjagenden Lesbe. Auch Backers Lachen, das in ihrem Zeugnis immer wieder vorkommt, sollte ihre harschen Worte über die Lesben nicht abmildern. Backers Lachen in dem Interview betont die Absurdität der Verfolgung und die Unvorhersehbarkeit der Dinge, die den Opfern widerfuhren.

Linda Breders Interview bietet ein anderes Beispiel, dort ändert die homophobe Interviewerin den Ton des Interviews. Breder kam 1924 im slowakischen Stropkov als Libuše Reichová zur Welt. Im Frühjahr 1942 wurde sie als junge Frau mit einem der ersten Transporte von jüdischen

Frauen nach Auschwitz deportiert.[36] An einem Punkt des Interviews kommt sie von sich aus auf Folgendes zu sprechen:

> LB: Obwohl in Auschwitz hatten wir auch Lesben, ich kann sagen Homosexuelle […] das wusste ich von Manci [Schwalbová], sie lebt noch und ist eine sehr gute Freundin von mir […] sie war Ärztin in Auschwitz […] und ich kannte eine reichsdeutsche Politische, mit der sie sehr gut befreundet war und es gab Gerüchte, dass die beiden Lesben waren. [Pause] Und dann kenne ich Kapos – deutsche Kapos – da gab es auch Gerüchte – aber ich kann nicht, ich hatte nicht, ich meine, keine Erfahrung über jüdische Mädchen, die sich gestanden hätten, wissen Sie, nahe, weder an der Arbeit noch in der Baracke mit mir, das mir bekannt wäre, aber ich weiß dass es Gerüchte gab, dass es da Homosexuelle gab.
> Interviewerin: Haben diese Homosexuelle – die lesbischen Kapos die Häftlinge je angemacht? [Did these homosexual – lesbian kapos ever hit upon the inmates?]
> LB: Vermutlich taten sie es, aber ich kann es nicht wissen, denn ich hatte immer die gleiche Kapo. Und in der Gruppe zu arbeiten, in der ich war, sie hat uns nie geschlagen.
> Interviewerin: Nicht schlagen, ich meine, versuchten sie, die [unklar] zu verführen?
> LB: Ich weiß es nicht, ich weiß es nicht. Dieses, dieses

36 Zu dem Transport siehe Heather Dune Macadam, *999. The Unforgettable True Story of the First Women in Auschwitz*, New York 2019. Zu queeren Frauen in Auschwitz, siehe Joanna Ostrowska, »›Solche Berichte interessierten mich nie‹. Lesbische Frauen in Erinnerungen ehemaliger weiblicher Häftlinge des KZ Auschwitz«, in: *Erinnern in Auschwitz: Auch an sexuelle Minderheiten*, hg. von dies., Joanna Talewicz-Kwiatkowska und Lutz van Dijk, Berlin 2020, S. 83-100.

> Thema, ich weiß es wirklich nicht. Ob jemand von den Deutschen homosexuell war und schlug oder nicht, aber zumeist waren sie sehr grausam. So schwer zu sagen. Schwer zu sagen.[37]

Diese Stelle in Breders Interview ist besonders spannend, denn sie lässt diverse Perspektiven zu queerem Verlangen erkennen. Breder eröffnet mit der Erinnerung an eine ihr sympathische Person, die Häftlingsärztin Manci Schwalbová, die selber slowakische Jüdin war.[38] Andere Überlebende erinnerten sich ebenfalls, dass Schwalbová queer war.[39] Zunächst einmal ist festzuhalten, dass Breder an dieser Stelle ihre Freundin outete; Schwalbová hat über ihre sexuelle Orientierung öffentlich nie gesprochen. Breder bezeichnete Schwalbová weiter als Lesbe mittels des Lagergerüchts, dass Mancis Freundin, ein deutscher Funktionshäftling, ihre Geliebte gewesen sei. Daraufhin nannte Breder weitere queere Frauen, ebenfalls nur anhand von Gerüchten, deutsche Funktionshäftlinge. Es ist signifikant, dass Breder betonte, dass es in ihrer Gruppe, unter den »jüdischen Mädchen«, keine Lesben gegeben habe. Aber hier widersprach sie sich

37 VHA, Nr. 22979, Interview von Linda Breder; siehe auch Sarah Cushman, *The women of Birkenau*, phil. diss., Clark University, S. 286-93. Cushmans wichtiges Buch ist im Erscheinen begriffen bei Indiana University Press.

38 Hier inspirierte mich Cushman, einen meiner Aspekte aus *Den Holocaust queer erzählen*, S. 92f., anzupassen. Cushman weist auf das positive Licht hin, in dem Breder Schwalbová beschrieb: Cushman, The women of Birkenau (Anm. 37), S. 287f.

39 Macadam, 999 (Anm. 36), S. 357, wo Edith Grossman, eine weitere Frau aus der Gruppe der im Frühjahr 1942 deportierten jüdischen Slowakinnen, Schwalbovás Queerness erwähnt. Mit Dank an Denisa Nešťáková und Lisa Leff. Schwalbovás Erinnerungen thematisieren ihre Queerness nicht: Manca Švalbová, *Vyhasnuté oči. Requiem*, Bratislava 1949.

selbst: Schwalbová war Jüdin und kam mit den gleichen Transporten wie Breder. Aber weil die beiden Frauen befreundet waren, bezeichnete sie Manci nicht explizit als Lesbe,[40] sie verkleidete die Information vielmehr als Gerücht. Diese narrative Strategie ermöglichte es Breder, über ihre queere Freundin schlecht zu reden, sie aber auch als Freundin zu behalten, als Teil ihrer Gruppe. Im Kontrast dazu diente ihre Erzählung von queeren deutschen Häftlingen im Gegensatz zu »jüdischen Mädchen« als Othering.

An dieser Stelle bohrte die Interviewerin nach und fragte, ob die queeren Frauen je jemanden »angemacht hätten«, im Englischen »hit on«. Die Interviewerin hatte hier einen Versprecher und sagte »hit upon«, vielleicht weil sie nervös war, wie man es ist, wenn man über ein heikles Thema spricht. Die Frage der Interviewerin verschob Breders Erzählung, die bis zu dem Zeitpunkt von queerer Intimität handelte, ins Gebiet der potentiellen sexuellen Gewalt. Die Interviewerin arbeitete hier mit dem sogenannten Scripting: Sie gab einen normativen Rahmen für die Erzählung vor. Die Wendung »jemanden anmachen« konnotiert eine im sexuellen Sinn eröffnende Handlung einer Seite einer zweiten gegenüber – und kann auch einen Unterton sexueller Belästigung enthalten. Die Frage der Interviewerin rahmte somit die Lesben als sexuell deviant ein und brachte das Modell einer raubtierhaften Lesbe ins Spiel.[41]

40 Maja Suderland wies darauf hin, dass Überlebende oft queere Häftlinge als deviant bezeichneten, sich aber über konkrete Menschen freundlich äußerten: Maja Suderland, *Inside Concentration Camps. Social Life at the Extremes*, Cambridge 2013, S. 178.

41 Lynda Hart, *Fatal Women. Lesbian Sexuality and the Mark of Aggression*, London 1994; Elissa Mailänder, Meshes of Power: The Concentration Camp as Pulp or Art House in Liliana Cavani's The Night Porter, in: *Nazisploitation! The Nazi Image in Low-Brow Cinema and Culture*, hg. von Daniel Magilow, Elizabeth Bridges und Kristin Lugt, London 2012, S. 175-95.

Die normative Deutung, die die Interviewerin vornahm, wird hier besonders deutlich. Breder war erst 1968 in die USA ausgewandert, weshalb ihre Englischkenntnisse nicht ganz perfekt waren, was sich beispielsweise daran zeigt, dass sie das umgangssprachliche »to hit on someone« (jemanden anmachen) als »to hit someone« (jemanden schlagen) missverstand. Daraufhin hakte die Interviewerin nochmals nach, worauf Breder, die sonst sehr redselig war, knapp antwortete, dass sie dies nicht wisse – und fügte noch hinzu, dass »sie sehr grausam« gewesen seien, wobei nicht deutlich wird, ob Breder über lesbische Häftlinge oder über Kapos sprach. Es war das von der Interviewerin verwendete, missverstandene Wort »hit«, das die Gewalt in Breders Erzählung an diesem Punkt einziehen ließ; die Interviewerin unterbrach und änderte die Erzähllinie, die Breder verfolgte. Während Breder mit einer relativ toleranten Aussage über Schwalbovás Sexualität begann, endete der Abschnitt damit, dass, abgesehen eben von ihrer Freundin, Lesben, Deutsche und Kapos grausam waren.

Aussagen wie diese finden sich wiederholt in den Standardwerken zur Lagergeschichte, die oft von den Überlebenden selbst verfasst wurden. Die darin enthaltenen homophoben Aussagen wurden nur selten hinterfragt. Ein Beispiel hierfür ist etwa Hermann Langbeins – ein »halbjüdischer« österreichischer Kommunist – Standardwerk *Menschen in Auschwitz*. Langbein war zwischen 1942 und 1944 in Auschwitz inhaftiert und musste hier als Schreiber in der Krankenstube arbeiten. Nach der Befreiung leitete er das Internationale Auschwitz Komitee und spielte eine Schlüsselrolle beim Aufspüren von Überlebenden, die beim Frankfurter Auschwitz-Prozess aussagten. Langbeins einzige Diskussion von queerem Verlangen thematisiert lediglich sexuellen Missbrauch von Jugendlichen:

Ein in anderen KZs, in denen keine Frauen neben Männern interniert waren, üblicher Ausweg aus sexueller Not wurde auch in Auschwitz häufig eingeschlagen: Capos hielten sich »Pipel«, junge Burschen, die ihnen persönliche Dienste zu leisten hatten, dafür von schwerer Arbeit befreit und begünstigt waren. Nicht wenige Capos mißbrauchten ihre Jungen sexuell. […] es sei himmelschreiend gewesen, was Funktionäre in Monowitz mit ihren Pipeln angestellt hätten, berichtet Abraham Matuszak; waren die Jungen nicht willig, dann wurden sie den Weg allen Fleisches geschickt.[42]

Langbeins Beschreibung von sexuellem Mißbrauch der sogenannten Pipel war weitgehend akkurat, auch wenn hier Langbein die Agency der Jugendlichen außer Sicht lässt. Da dies die einzige Stelle ist, in der Langbein über Queerness berichtet, lässt er den Eindruck entstehen, als wäre queere Sexualität missbräuchlich und mit Pädophilie in Zusammenhang zu sehen, ein etablierter Gedankenweg, um queeres Verlangen zu pathologisieren. Als das Buch 2004 erneut in englischer Übersetzung erschien, wurde diese Passage darin mit keinem Wort kommentiert, weder in der Einleitung von Henry Friedlander (der selbst als Junge das Ghetto Lodz und Auschwitz überlebte) noch in einer Fußnote; weder die zwei sonst so informativen Biografien von Langbein noch Sybille Steinbachers Aufsatz zu diesem wichtigen Buch erwähnen die Homophobie.[43]

42 Hermann Langbein, *Menschen in Auschwitz*, Wien 1972, S. 435. Vgl. auch Jörg Hutter, Konzentrationslager Auschwitz. Die Häftlinge mit dem rosa Winkel, in: *Homosexuelle in Konzentrationslagern*, hg. von Olaf Mußmann, Bad Münstereifel 2000, S. 115-125, hier S. 118.

43 Brigitte Halbmayr, *Zeitlebens konsequent – Hermann Langbein. 1912 1995; eine politische Biografie*, Wien 2012; Katharina

Bis vor wenigen Jahren waren homophobe Äußerungen in der wissenschaftlichen Literatur nicht ungewöhnlich.[44] Ich möchte glauben, dass es auch meine Forschung war, die mit dazu beitrug, dass dies heute nicht mehr möglich ist. Ein gutes Beispiel für diesen Trend bietet Sarah Helm in ihrem vielbeachteten Buch »Ohne Haar und ohne Namen«, in dem sie die Tradition fortsetzt, lesbisches Verlangen als anders und gefährlich darzustellen, wobei sie die betagte Wanda Połtawska in einer Passage auch sanft für ihre Homophobie kritisiert.[45] Aber in einer vorherigen Passage stellt Helm die Behauptung auf, dass viele Aufseherinnen lesbisch gewesen seien und sie dies motiviert habe, sich nach Ravensbrück zum Dienst zu melden: »Für die Lesben […] eine bedeutende Minderheit – hielt Ravensbrück zu einer Zeit, in der die lesbische Liebe und die Homosexualität an sich verachtet wurden, die besondere Möglichkeit bereit, andere Frauen zu treffen.«[46] Diese Behauptung stützt sie auf eine Aussage einer Überlebenden. Eine Form des homophoben Othering war die Sexualisierung der Täterinnen, denen sexuelle Perversion zugeschrieben und diese mit Queerness per se

Stengel, *Hermann Langbein. Ein Auschwitz-Überlebender in den erinnerungspolitischen Konflikten der Nachkriegszeit*, Frankfurt 2012; Sybille Steinbacher, Hermann Langbein: Menschen in Auschwitz (1972), in: HolocaustZeugnisLiteratur: 20 Werke wieder gelesen, hg. von Markus Roth und Sascha Feuchert, Göttingen 2018, S. 169-181. Die einzige, die sich mit Langbeins Moralisieren und seiner Homophobie befasst, ist Maja Suderland, Inside Concentration Camps (Anm. 40), S. 181.

44 Siehe auch die Diskussion von Krystyna Żywulska in David Cesarani, *Final Solution: The Fate of the Jews, 1933-1949*, London 2015, S. 662.

45 Sarah Helm, *Ohne Haar und ohne Namen. Im Frauen-Konzentrationslager Ravensbrück*, Darmstadt 2016, S. 195. Mit Dank an Sophie Krüger.

46 Helm, Ohne Haar und ohne Namen (Anm. 45), S. 31.

gleichgestellt wurde.[47] Helm wusste um die Homophobie der Überlebenden und beschrieb in ihrem Buch, wie sie versuchte, Połtawska in ein kritisches Gespräch zu verwickeln (Połtawska schwieg, und von der Wand starrte ein Porträt von Johannes Paul II. auf Helm). Es ist schade, dass es Helm nicht gelang, diese homophoben Muster zu vermeiden, als sie über die Aufseherinnen schrieb.

Was sollten wir mit diesen homophoben Passagen tun? Ich glaube nicht, dass es sinnvoll ist, diese Passagen aus den frühen Werken zu entfernen – aber sie sollten auch nicht unkommentiert bleiben. Denn solche Aussagen setzen die Stigmatisierung fort, was wiederum einen problematischen Effekt auf die Forschung selbst zur Folge hat, intellektuell wie ethisch. Es ist ungemein destruktiv für queere Leser_innen, die sich für den Holocaust interessieren und bei der Lektüre auf diese Behauptungen stoßen. Wanda Połtawska und Hermann Langbein waren mutige Menschen, die tapfer Widerstand gegen die Nazis leisteten und die sich für das Gedenken daran einsetzten. Ihre ausdauernde homophobe Haltung ist symptomatisch für die Häftlingsgemeinschaft, zu der sie gehörten. Wenn wir eine inklusivere Geschichte anstreben, sollten wir uns den ambivalenten Geschichten annehmen.

47 Insa Eschebach, NS-Prozesse in der sowjetischen Besatzungszone und der DDR: einige Überlegungen zu den Strafverfahrensakten ehemaliger SS-Aufseherinnen des Frauenkonzentrationslagers Ravensbrück, in: *KZ-Gedenkstätte Neuengamme*, hg. von *Die frühen Nachkriegsprozesse* (Beiträge zur Geschichte der nationalsozialistischen Verfolgung in Norddeutschland, 3, Bremen, 1997), 65-74; Simone Erpel (Hg.), *Im Gefolge der SS: Aufseherinnen des Frauen-KZ Ravensbrück*, Berlin 2007; Annette Kretzer, *NS-Täterschaft und Geschlecht: Der erste britische Ravensbrück-Prozess 1946/47 in Hamburg*, Berlin 2009.

Wie können wir überhaupt queere Holocaustgeschichte angesichts dieser Homophobie und der ausradierten Archive erzählen? In dem folgenden Abschnitt biete ich eine Lösung anhand von queerem Verlangen im Ghetto Theresienstadt. Für diese Wahl gibt es zwei Gründe: Zunächst einmal kenne ich dessen Geschichte sehr gut.[48] Detailliertes Wissen ist Voraussetzung, die fragmentarischen und sich oft versteckt haltenden queeren Quellen aus der Holocaustgeschichte als solche zu erkennen, sie zu finden und mit ihrer Hilfe eine sinnvolle Geschichte zu schreiben. Darüber hinaus waren in Theresienstadt, wie in den allermeisten Ghettos, sowohl Männer als auch Frauen inhaftiert. Somit können wir queeres Verlangen nicht einfach, wie in den meisten KZs, mit dem Fehlen heterosexueller Alternativen erklären. So plausibel dieser Erklärungsansatz für KZs war, hier ginge er fehl.

Egon Redlich, genannt Gonda, war ein junger Zionist aus Olomouc, Tschechoslowakei. In Theresienstadt leitete er zusammen mit Fredy Hirsch die Abteilung der Jugendfürsorge. Die SS befahl von Beginn an den Aufbau einer jüdischen Selbstverwaltung, die sich um die Organisation von allem, was im Ghetto anfiel, kümmerte. Die Jugendfürsorge kümmerte sich um die Kinder und Jugendlichen, die gesondert von und besser als die Eltern (die der Arbeitspflicht unterlagen) untergebracht waren. Redlichs Tagebuch überlebte, anders als er selbst, und wurde zu einem der bekanntesten jüdischen Zeugnisse aus dem Holocaust.

Am 10. September 1944 notierte er: »Zwei Betreuerinnen arbeiteten zusammen. Die eine liebte die andere mit

48 Anna Hájková, *The Last Ghetto. An Everyday History of Theresienstadt*, New York, Oxford 2020.

pathologischer Liebe. Ich musste sie entlassen.«[49] Redlich charakterisierte seine queere Kollegin als eine schlechte Mitarbeiterin; in seiner Beschreibung wurde sie entlassen wegen ihrer »pathologischen« Liebe zu einer anderen Frau. Redlich schrieb das Tagebuch auf Hebräisch, das nicht perfekt war Er war zweisprachig mit Deutsch und Tschechisch aufgewachsen und lernte erst als Erwachsener Ivrit. Aus seiner Formulierung wird nicht klar, wie genau er die Verhältnisse wahrnahm. Einerseits kann es bedeuten, dass diese beiden Frauen einander liebten. Oder er meinte einen buchstäblichen Sinn: Frau A liebte Frau B. Die erste Interpretation meint eine erwiderte, die zweite eine unerwiderte Liebe. Aber sogar wenn Zweiteres zutreffen würde, warum sollte eine unerwiderte Zuneigung zu einer Entlassung Anlass geben? Im Eintrag vom gleichen Tag äußerte sich Redlich auch zur Beschuldigung einer sexueller Belästigung, die eine weitere Betreuerin gegenüber ihrem männlichen Vorgesetzten erhob. Redlich bemerkte, er habe die Beschuldigung als unwahr beweisen können und die Beschuldigerin entlassen. Hingegen war Redlichs Kündigung der queeren Frau homophob motiviert und nicht als Schutz vor queerer sexueller Belästigung, denn das hätte er sonst vermerkt.

Ein Eintrag vom Juni 1943 wirft ein weiteres Licht auf die Beziehung der beiden Betreuerinnen. Redlich er-

49 Eintrag vom 10. September 1944, Egon Redlich, *Zítra jedeme, synu, pojedeme transportem: Deník Egona Redlicha z Terezína 1. 1. 1942-22. 1. 1944*, hg. von Miroslav Kryl, übersetzt von Hana Lionová, Brno 1995. Der betreffende Eintrag fehlt übrigens in der hebräischen und englischen Ausgabe: *As-if Living: A Diary of Egon Redlich from Theresienstadt Ghetto (1942-1944)*, hg. von Ruth Bondy, Lohamei Hagetaot 1982; *The Terezin Diary of Gonda Redlich*, hg. von Saul S. Friedman, Lexington, KY, 1992. Ich danke Nir Cohen und Amos Goldberg, die für mich das hebräische Original übersetzten, das im Archiv des Jüdischen Museum Prag (fortan AJMP), Terezín, 324a, liegt.

zählt von einem verliebten Teenagerpaar in einem Jugendheim. »Ein Mädchen unternahm einen Selbstmordversuch. Es gab zwei Freundinnen, die einander liebten. Die eine liebte mit exaltierter Liebe. Eine der beiden Freundinnen verriet mir heute ihr Geheimnis: homosexuelle Liebe. Ein Selbstmordversuch.«[50] Da die beiden Mädchen nicht seine Angestellten waren, sondern seine Schutzbefohlenen, konnte sie Redlich nicht entlassen. Aber seine Homophobie führte dazu, dass die Episode in sein Tagebuch Eingang fand, er deren Beziehung als Problem interpretierte und sie als Grund für den Selbstmordversuch ansah.

Die entlassene queere Betreuerin wurde ein weiteres Mal ausradiert, als sie in der von Ruth Bondy, einer Doyenne der israelischen Theresienstadtforschung, herausgegebenen hebräischen Ausgabe des Tagebuchs entfernt wurde.[51] Als junge Frau war sie selbst in Theresienstadt inhaftiert. Da die englische Ausgabe auf der hebräischen basiert und nicht mit dem Original abgeglichen wurde, finden sich in ihr leider die gleichen Auslassungen. In dieser Hinsicht wurde die Betreuerin zweimal entfernt: einmal aus der Jugendfürsorge und ein weiteres Mal aus der historischen Quelle, weil ihre Existenzform nicht als geeignetes historisches Wissen angesehen wurde. Sechzehn Jahre später schrieb Bondy einen Aufsatz für einen Sammelband, der zu einer bedeutenden Sammlung für unser Wissen über Frauen und den Holocaust werden sollte: »[L]esbische Beziehungen waren extrem selten im Ghetto; die meisten jungen Frauen meines Alters, und ich selbst, wurden in puritanischem Zuhause erzogen und wussten nicht mal, was das Wort lesbisch bedeutet.«[52]

50 Redlich, Zítra jedeme (Anm. 49), Eintrag vom 15. Juni 1943, S. 195.

51 Bondy zensierte auch weitere Passagen, die ihr unpassend erschienen. Siehe Hájková, The Last Ghetto (Anm. 48), 1f.

52 Ruth Bondy, Women in Theresienstadt and the family camp in

Bondys Zensur der gleichgeschlechtlichen Spuren legt nahe, dass Queerness gar nicht so selten war, wie Bondy behauptete, sondern eher etwas war, von dem sie sich wünschte, dass es das gar nicht gäbe.[53] Wer diese Frauen waren, werden wir vermutlich nie feststellen. Ich konnte keine der Frauen identifizieren.

Die Entlassung der namenslosen queeren Frau wiederholte sich im März 1945 in der Epidemieeinheit des Theresienstädter Krankenhauses. Der junge dänische Jude Ralph Oppenhejm notierte über seine Freundin, die hier arbeitete: »Ich habe Marianne nicht gesehen. Die arme, man hat sie aus dem Krankenhaus rausgeworfen, weil sie einmal nachts mit einer Frau Sex hatte. Ein Patient ging vorbei und sah es, und Überraschung! – Jaja, für mich ist so was keine Überraschung.«[54] Oppenhejms letzter Satz zeigt uns, dass er ein offen lebender schwuler Mann war. Die Leute (auch in Theresienstadt) um ihn wussten, dass er schwul war (und

Birkenau, in: *Women and the Holocaust*, hg. von Dalia Ofer und Lenore Weitzman, New Haven 1998, S. 310-316, hier S. 320 und 326. Bondy zitiert den Eintrag von Redlich von 1943 über die queeren verliebten Teenager auf S. 326, wobei die betreffende FN die 46 sein sollte statt der dort stehenden 47.

53 Siehe auch Hilo Glazer, The impossible love story of the Nazi guard to the Jewish prisoner, in: *Haaretz*, 12. November 2014 (Hebräische Ausgabe). Hier berichtete Bondy über ihre Erinnerung an eine erzwungene Beziehung zwischen einer Aufseherin und einer jüdischen Bekannten. Siehe auch Hájková, Between Love and Coercion (Anm. 7).

54 Dänisches Jüdisches Museum (JDK), 207 A 35, 7. Tagebuch Ralph Oppenhejm, Eintrag vom 24.3.1945. Mit Dank an Silvia Goldbaum Tarabini, die mich auf diese Passage hinwies und für ihre Übersetzung. Oppenhejm veröffentlichte zwar das Buch *An der Grenze des Lebens. Theresienstädter Tagebuch*, Hamburg 1961, aber hierbei handelt es sich um einen biografisch beeinflussten Roman, nicht um sein Tagebuch. Siehe auch Silvia Goldbaum Tarabini Fracapane, *The Jews of Denmark in the Holocaust: Life and Death in Theresienstadt Ghetto*, Abingdon 2021.

sich so identifizerte). Sein Tagebuch ist meines Wissens das einzige eines queeren Holocaustopfers, das sich erhalten hat. Der charmante und unterhaltsame Oppenhejm, der mit seiner Familie im Oktober 1943 ins Ghetto deportiert wurde, war beliebt, vor allem bei Frauen. Vielleicht wurde seine sexuelle Orientierung deshalb akzeptiert. Er verwendete auch viel Energie darauf, von seinen weiblichen Freundinnen gemocht zu werden. Ein Großteil seines Tagebuchs berichtet über seine weiblichen Bekannten – mitunter in einem lästernden, recht gemeinen Ton.[55] Ein anderer Faktor für seine Beliebtheit war vermutlich der, dass Oppenhejm im Ghetto nicht sexuell aktiv war, zumindest soweit wir dies aus seinem Tagebuch und den Erinnerungen seiner Schwester Ellen schlussfolgern können.[56] Forscher_innen wie Laurie Marhoefer wiesen darauf hin, wie bedeutend soziales Kapital für die Sicherheit der queeren Menschen in Nazi-Deutschland war.[57] Oppenhejms Charme war also ein wichtiger Faktor dafür, weswegen er als schwuler Mann von der Häftlingsgemeinschaft akzeptiert wurde.

Leider ist es nicht möglich, Mariannes Identität festzustellen, da wir über keine Listen der Krankenschwestern aus

55 Zur Geschichte der Freundschaft zwischen heterosexuellen Frauen und schwulen Männern siehe John Portmann, *Women and Gay Men in the Postwar Period*, London 2016, sowie Justin Bengrys Rezension dazu in *Gender & History* 29,2 (August 2017), S. 468-469. Bengrys Besprechung ist hier besonders hilfreich, denn er weist auf die Tradition der männlichen schwulen Misogynie gegenüber weiblichen Freundinnen hin, was bei Oppenhejm oft der Fall war. Siehe zum Beispiel den Eintrag vom 7. April 1945.

56 Siehe die Interviews von Anna Hájková und Silvia Goldbaum Tarabini mit Ellen Oppenhejm, Januar 2010 und öfter, Archiv der Interviewenden.

57 Laurie Marhoefer, Wurden lesbische Frauen im Nationalsozialismus verfolgt? Mikrogeschichte und der Begriff der »Verfolgtengruppe«, in: *Invertito* (2019).

dieser Zeit verfügen. Unter den Häftlingen war Marianne ein häufiger Vorname, und von den ehemaligen Krankenschwestern, die ich befragte, erinnerte sich niemand an sie. Unter den Frauen, die zu dem Zeitpunkt in Theresienstadt waren und das richtige Alter hatten, trugen 30 diesen Namen. Heute kann ich zumindest ausschließen, worüber ich 2018 spekulierte: Marianne war nicht Oppenhejms Pseudonym für die 49-jährigen Julie (Ulli) Fleischerová aus Brno. Fleischerová war zwar, wie Marianne, starke Raucherin, lesbisch und arbeitete in der Infektionsabteilung.[58] Aber Oppenhejm war auch mit Fleischerová befreundet und erwähnt sie in einem weiteren Eintrag, insofern kann sie mit Marianne nicht identisch sein.

Susanne Fall war eine junge Frau aus Ostrava, die im Ghetto für die Transporthilfe arbeitete. Kurz nach der Befreiung schrieb sie einen unverblümten Bericht über ihre Erlebnisse als junge Frau in Theresienstadt, in dem sie mit großer Direktheit über ihre Erlebnisse als Teil der sozialen Elite als junge, tschechische Frau unter den Insassen berichtet. Sie schreibt über das Essen, über das Bestehlen anderer Häftlinge, von dem Kampf, von der Transportliste gestrichen zu werden. Sie machte im Ghetto ihre ersten intimen Erfahrungen mit einem Mann; die Entdeckung der eigenen Sexualität bereitete ihr viel Freude. Gerade für die jüngeren Häftlinge in Theresienstadt stellte Sexualität einen wichtigen Bewältigungsmechanismus dar, der die Haft erträglicher machte.[59] Im November 1943 half sie alten Menschen, die als »prominent« galten:

58 Ich danke Peter Barber aus London, Fleischerovás Urneffen, für diese Information.

59 Anna Hájková, Die fabelhaften Jungs aus Theresienstadt. Junge tschechische Männer als dominante soziale Elite im Theresienstädter Ghetto, in: »Im Ghetto: Neue Forschungen zu Alltag und Umfeld«, hg. von Christoph Dieckmann und Babette Quinkert

> Bei dieser Gelegenheit avisiere ich auch die Rückkehr eines Patienten (einer alten prominenten Dame, die ein eigenes Zimmer in der Magdeburger Kaserne bewohnt). Lange muss ich an der Tür klopfen. Ich höre ein erregtes Flüstern und als mir geöffnet wird, sehe ich ein zerwühltes Bett, 2 Frauen nur mit übergeworfenen Schlafröcken, sichtlich verlegen und erregt. Ein schrecklicher Ekel erfasst mich, ich wusste nie, dass so etwas auch hier möglich ist.[60]

Warum reagierte Fall, die gerade vor einigen Wochen mit Vergnügen ihre erste sexuellen Erfahrungen machte, mit »schreckliche[m] Ekel« auf gleichgeschlechtliche Liebe? Fall wusste um die Existenz der queeren Liebe, anders als die in ähnlichen Verhältnissen aufgewachsene Ruth Bondy. Wie Bondy in älteren Jahren wünschte sie sich, es hätte sie in Theresienstadt nicht gegeben.

Wieder können wir nur spekulieren, wer die alte Dame war. Die Kategorie »prominent« beschrieb eine Gruppe Häftlinge mit besonderen Privilegien wie Unterkunft, Transportschutz und Essen, die an dem jeweiligen Vorkriegsstatus hingen.[61] Gerade das eigene Zimmer, wie es diese Frau hatte, war ein seltenes Privileg. Die meisten Insassen lebten zusammengepfercht in Massenunterkünften, auch die meisten Prominenten mussten sich ein Zimmer zu zweit teilen. In den Sinn kommt einem Martha Mosse, die erste weibliche Polizeirätin in Berlin und spätere Funktionärin der Reichsvereinigung der Juden in Deutschland, die lesbisch war. Ihre nichtjüdische Partnerin blieb in Berlin. In Theresienstadt

(Beiträge zur Geschichte des Nationalsozialismus, Bd. 25). Göttingen 2009, S. 116-135.

60 Susanne Fall, *Terezín, ráj mezi lágry*, Prag 2014, S. 36.

61 Hájková, The Last Ghetto (Anm. 48), S. 49f.

wurde Mosse als prominent eingestuft.[62] Wir können aber nur spekulieren, denn es gab mehrere alleinstehende ältere prominente Frauen in Theresienstadt. Wichtig ist hier das Muster der strukturellen Namenslosigkeit dieser Frauen, deren einvernehmliche sexuelle Aktivität von deren Umgebung nur mit Abscheu wahrgenommen wurde.

Die letzten zwei Beispiele zeigen, wie zwei offen queer lebende Personen, Fredy Hirsch und Harry »Hambo« Heymann, die Häftlingsgesellschaft leiteten und bis zu einem gewissen Punkt auch toleriert wurden. Beide waren deutsche Emigranten: Fredy Hirsch, geboren 1916 in Aachen, war ein Zionist, der 1935 in die Tschechoslowakei emigrierte. In Theresienstadt leitete er zusammen mit Redlich die Jugendfürsorge. Hirsch ist bekannt und bis heute hoch angesehen, unter anderem, weil er sich um heranwachsende Kinder kümmerte. Ihm gelang es weitgehend, den Kindern eine Welt mit sportlichen Aktivitäten und einem Gemeinschaftsgeist zu schaffen.[63] Falls sie weiterdeportiert wurden, hatten Teenager, anders als kleinere Kinder, eine Chance zu überleben, und so wird Hirsch bis heute feierlich gedacht.[64]

62 Zu Mosse siehe Beate Meyer, *Tödliche Gratwanderung. Die Reichsvereinigung der Juden in Deutschland zwischen Hoffnung, Zwang, Selbstbehauptung und Verstrickung (1939-1945)*, Göttingen 2011, Kapitel 2; Javier Samper Vendrell, The Case of a German-Jewish Lesbian Woman: Martha Mosse and the Danger of Standing Out, in: *German Studies Review*, 41,2 (Mai 2018), S. 335-353.

63 Einige Historiker diskutierten Hirschs Bedeutung, verschwiegen dabei aber seine Queerness: Konrad Kwiet und Helmut Eschwege, *Selbstbehauptung und Widerstand: deutsche Juden im Kampf um Existenz und Menschenwürde, 1933-1945*, Hamburg 1984, S. 291-293.

64 Die deutsche Biographie von Dirk Kämper ist unkritisch und nicht sorgfältig genug recherchiert. Vgl. Dirk Kämper, *Fredy Hirsch und die Kinder des Holocaust*, Zürich 2015.

Sein Schwulsein war eine bekannte Tatsache, anscheinend akzeptiert, oder zumindest gelitten.

Wenn man sich allerdings die Berichte zu Hirsch näher anschaut, tun sich Risse auf: Einige Kinder machten sich über seinen deutschen Akzent und sein »tuntiges« Benehmen lustig.[65] Hirschs Partner, der Medizinstudent Jan Mautner, fehlt in den historischen Abhandlungen sämtlich.[66]

Was aber überlebte, waren Gerüchte, dass Hirsch sich zu Jungen hingezogen fühlte. Diese wurden gewarnt, nicht mit Hirsch alleine zu sein.[67] Einige Überlebende erinnerten sich daran, dass es ihnen unangenehm war, mit Hirsch alleine zu sein.[68] Ein damals 12- oder 13-jähriger Junge erinnerte sich, Hirsch hätte noch in Prag vor der Deportation versucht, ihm die Hand in die Hose zu stecken. Daraufhin schlug sein älterer Bruder Hirsch zusammen.[69]

Es ist frustrierend, dass fast keine der vielen Abhandlungen zu Fredy Hirsch sich mit diesen schwierigen Berichten auseinandersetzt.[70] Lange Zeit, im Grunde bis heute, über-

65 Lucie Ondřichová, *Příběh Freddyho Hirsche*, Prag 2001, S. 64f.

66 Anna Hájková, Die Geschichte von Jan Mautner und Fredy Hirsch: Jung, schwul – und von den Nazis ermordet, in: *Tagesspiegel*, 31. August 2018. Keine der Biografien von Hirsch erwähnt Jan Mautner, nur der Dokumentarfilm *Lieber Fredy* [*Freddy HaYakar*] (Israel 2017, dir. Rubi Gat).

67 Interview mit einer 1926 geborenen Frau, 13. Februar 1995, AJMP, The Oral History Collection, #407.

68 Ondřichová, Příběh Freddyho Hirsche (Anm. 65), *S.* 65 und 71.

69 Interview eines Mannes, geboren 1928, AJMP, The Oral History Collection, #482.

70 Mit der wichtigen Ausnahme von Ondřichovás Beitrag thematisiert keine der Biografien, seien es Bücher oder Dokumentarfilme, diese Anschuldigungen: Kämper, Fredy Hirsch und die Kinder des Holocaust (Anm. 64)*; Krotitel esesáků* (Tschechien 2011, dir. Olga Sommerová); *Paraíso en Auschwitz* (Mexiko 2016, dir. Aaron Cohen); *Freddy HaYakar* (Anm. 66); *Fredy. Hagibor. Hrdina* (Tschechien 2018, dir. Jan Růžička).

Abb. 2: Fredy Hirsch, ca. 1940, © Beit Terezin

gingen Forschung und das Gedenken an die von den Nazis verfolgten schwulen Männer die Tatsache, dass einige unter ihnen Sex nicht nur mit Erwachsenen hatten, sondern auch mit Jungen.[71] Deswegen glaube ich, dass wir diese Quellen ernst nehmen sollten. Es ist vollkommen möglich, dass Hirsch all dies zugleich war: ein tapferer Mann, der jüdische Jugend inspirierte, ihnen Würde und Motivation in einer ungemein schwierigen Lage gab, oft in den letzten Monaten ihrer Leben; Freund eines großen, gut aussehenden mährischen Arztes; und ein schwuler Mann, der gelegentlich die ihm schutzbefohlenen Jungen belästigte.

Hana Fischel Hoffmann, eine Kollegin Hirschs in Theresienstadt und im Familienlager in Auschwitz, sprach beiläufig von seinen »persönlichen Schwächen« und »Fehlern«, die sie und ihre Kolleg_innen bereit gewesen wären, ihm zu vergeben.[72] Wir sollten Fischel Hoffmanns Worte beachten, denn sie dienen einem ähnlichen Zweck wie Linda Breders Erzählung von ihrer Freundin Manci Schwalbová. Ja, Hirsch war beliebt. Aber die Art, wie er von den Überlebenden erinnert wird, zeigt Momente eines subtilen Othering und einer Ambivalenz, als schwuler Mann und Ausländer. Die Assoziation von Homosexualität mit Pädophilie gründet sich auf ein lange tradiertes Vorurteil, das von homophober Seite immer wieder lanciert wird.

Clown und Damenimitator Hambo ist das letzte Bei-

71 Karl Gorath aus Bremerhaven ist einer der bekanntesten Überlebenden, bei dem nicht thematisiert wird, dass er nach §175 und §176 (Sex mit Jugendlichen) verurteilt wurde. Mit Dank an die Kolleg_innen aus Februarfilm für den Hinweis. Siehe auch Jennifer V. Evans, *The Queer Art of History*, Duke 2023, Kapitel 2 und passim; sowie die Ausstellung in: Schwules Museum, *Aufarbeiten: Sexualisierte Gewalt gegen Kinder und Jugendliche im Zeichen von Emanzipation*, 2023.

72 Interview mit Hana Fischel Hoffmann, 9. Juli 1965, Institute for Contemporary Jewry, Oral History Division, #690.

spiel einer queeren Person, die gleichzeitig für Theresienstadt das einzige Beispiel eines trans* Schicksals ist. Hambos Geschlechtsnonkonformität durchkreuzte die zunehmend rigiden Sex- und Geschlechtskategorien, in denen die Häftlingsgesellschaft operierte.[73] Damenimitation war ein anerkannter Beruf, wie unter anderem Jacob Bloomfield in seiner Studie für die Zeit zwischen 1870 und 1970 zeigte.[74] Manche der Damenimitatoren verstanden sich als heterosexuell, während diejenigen, die Sex mit Männern hatten, manchmal verfolgt, kastriert und in Konzentrationslager deportiert wurden.[75] Die neuere Forschung durch Laurie Marhoefer und Bodie Ashton zeigt, dass die Nazis nicht nur um die Existenz der trans Leute wussten, sondern dass sie diese wegen ihres trans Seins auch verfolgten.[76]

Harry »Hambo« Heymann, geboren 1907 in Berlin, hatte das Glück, dem von Herrn beschriebenen Schicksal zu entfliehen. They wuchsen in einem jüdischen bourgeoisen

73 Stryker, Transgender History (Anm. 13), S. 22-24. Ich verwende das Pronomen »they« für Hambo nicht, um Identität zuzuschreiben, sondern um mein Nichtwissen auszudrücken.

74 Jacob Bloomfield, *Drag: A British History*, Berkeley 2023.

75 Rainer Herrn, »Transvestitismus in der NS-Zeit: Ein Forschungsdesiderat«, in: *Zeitschrift für Sexualforschung*, 26,4 (2013), S. 330-371. Siehe auch Jens Dobler, »Damen- und Herrenimitator_innen 1870-1933: Travestie zwischen Beruf, Berufung und Bewegung«, in: *Communities, Camp und Camouflage: Bewegung in Kunst und Kultur*, hg. von Carolin Küppers und Rainer Marbach, Hamburg 2017, S. 42-49. Kai* Brust, »Ich bin wegen dieses alles in allem gehindert«. Zur amtlichen Vornamensänderung von trans und inter Personen unter der NS-Herrschaft, in: *Geschichte und Gesellschaft* 49, Heft 4/2023, S. 546-584.

76 Marhoefer, Transgender Life (Anm. 1); Bodie Ashton, The Parallel Lives of Liddy Bacroff: Transgender History and the Tyranny of the Archive in Twentieth-Century Germany, in: *German History*, 42,1 (2024), https://doi.org/10.1093/gerhis/ghad071. Siehe auch Nunn, Trans liminality (Anm. 1).

Haushalt auf, mit zwei älteren Schwestern.[77] Hambo wurde als Sänger_in an der Hochschule für Musik ausgebildet und nach their Abschluss nannte xie sich Hambo und arbeitete als Clown und Damenimitator_in. Nachdem Hambo 1933 durch die SA angegriffen wurde, flüchteten they zuerst nach Finnland und von hier nach Dänemark. They arbeiteten unter anderem im Zirkus Cavallini, tourten durch Europa und Amerika und arbeiteten im Tivoli in Kopenhagen. Im Oktober 1943 wurde Hambo mit ca. 500 Juden aus Dänemark nach Theresienstadt deportiert.[78]

Hier wurde Hambo eine beliebte Figur des Kulturlebens im Ghetto. They wirkte in den Cabarets als Komiker_in, Sänger_in und Damenimitator_in. Anders als Oppenhejm und Hirsch war Hambo nicht mehr jung und schön. Hambo war zu diesem Zeitpunkt 37 Jahre alt und sehr dünn, eigentlich ausgemergelt. Oppenhejm erwähnte seinen queeren Mitgefangenen einige Male in seinem Tagebuch, oft in recht grausamem Ton: »Mit Mutter im Kaffeehaus, [Theresienstadt hatte zwischendurch ein Kaffeehaus für Propagandazwecke] wohin wir von [Peter] Deutsch eingeladen wurden, der das Orchester dirigierte. Traf Hambo, welcher [hier und im folgenden des Zitats sic] uns unterhielt, viel dünner, schärfer im Gesicht, was auch immer dies verursachte (nach dem Hörensagen hurt er sich die Seele aus dem Leib). Allerdings bekommt er mehr zu Essen als die meisten anderen, zum Teil durch seine Performancen und zum Teil wahrscheinlich vertikal. Verficktmal ist es mit seinem häßlichen Äußeren möglich?«[79]

Oppenhejm spekulierte, dass Hambo sich zu den mickrigen Essensportionen etwas mit Sexarbeit dazuverdiente,

77 Siehe xiese Wiedergutmachungsakte im Landesentschädigungsamt Berlin, Nr. 67.710. Mit Dank an Maria von der Heydt für ihre Hilfe beim Beschaffen der Kopien.

78 Fracapane, The Jews of Denmark (Anm. 54).

79 Oppenhejm, Eintrag zum 6. April 1944, JDK, 207 A 35, 7.

was darauf hinweisen könnte, dass es in Theresienstadt einen Markt für queere Prostitution gegeben hätte. Aber es ist auch möglich, dass Oppenhejms Bemerkung einfach nur eine gemeine Äußerung war.

Von Hambo wurde ebenfalls berichtet, dass they Annäherungsversuche gegenüber jungen Männer und Jungen unternommen haben soll.[80] Arnošt Lustig, der als Teenager in Theresienstadt inhaftiert war, schrieb in einer Kurzgeschichte von 1958 über einen niederländischen [!] Sänger »Hannibal de Hambo.« Dieser soll durch die Straßen des Ghetto gebummelt sein und »kritzelte die Namen von Jungs in sein Notizbuch und lud die bestaussehenden in sein Zimmer ein«.[81] Auch wenn Lustig gerade beim Thema Sexualität ein unzuverlässiger Erzähler war, erinnerten sich auch einige andere dänische Überlebende, dass Hambo Jungen und junge Männer »angemacht« haben soll.[82]

Erich Lichtblaus Zeichnung von 1943, »Hambo der Sänger«, zementierte Hambos Othering als deviant.[83] Lichtblaus Bild, das während der Haft entstanden ist und nach dem Krieg neu gezeichnet wurde, thematisiert beredt Hambos tuntiges Auftreten (mit Bezug auf die Camp-Ästhetik):[84] Es zeigt their rote Lippen, falsche Augenwimpern und die

80 Fracapane, The Jews of Denmark (Anm. 54), S. 156.

81 Arnošt Lustig, Moral Education, in: *Night and Hope*, übersetzt von George Theiner, Iowa City 1973 (Original 1958), S. 115-139; Fracapane, The Jews of Denmark (Anm. 54), S. 156 und 167.

82 Fracapane, The Jews of Denmark (Anm. 54), S. 156.

83 Zu Lesklý siehe auch Vladimir Melamed (Hg.), *They Shall Be Counted. The Theresienstadt Ghetto Art of Erich Lichtblau-Lesklý*, Los Angeles 2010; Elena Makarova, *Closer to the Truth. Terezín Cartoonist Erich Lichtblau-Lesklý*. Ausstellungskatalog, Lochamei Haghettaot 2011.

84 Julia Noah Munier, *Sexualisierte Nazis. Erinnerungskulturelle Subjektivierungspraktiken in Deutungsmustern von Nationalsozialismus und italienischem Faschismus*, Bielefeld 2017, S. 16 und 283.

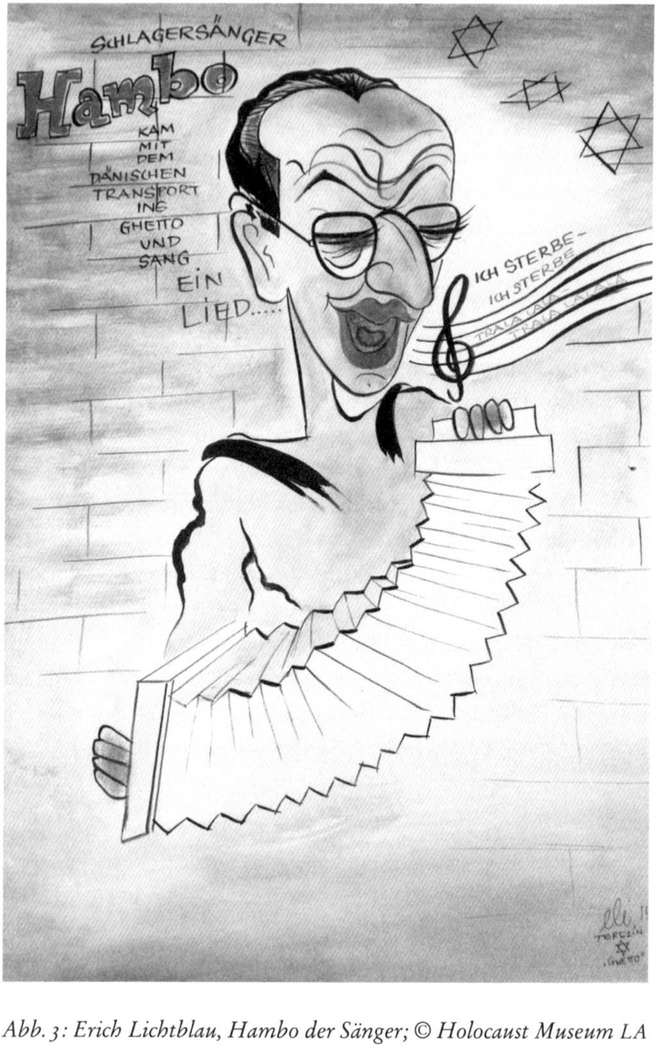

Abb. 3: Erich Lichtblau, Hambo der Sänger; © Holocaust Museum LA

Falsettostimme, illustriert in den nach aufsteigenden Noten. Dies alles verbindet sich mit den erkennbaren Zeichen eines alternden jüdischen »Mannes«: Geheimratsecken, Falten, Brille und Adlernase erzeugen eine homophobe und auch antisemitische Färbung.[85] Hambo erscheint den Betrachtenden in diesem Bild weder sympathisch, noch wird they als amüsant aufgrund their Performance wahrgenommen: Wenn they komisch ist, dann im Wesentlichen unfreiwillig, als schrille, schäbige und nicht mehr junge Dragqueen.

Hambo hatte »Glück« und überlebte Theresienstadt. Zusammen mit den meisten dänischen Deportierten wurde they kurz vor Kriegsende nach Schweden entlassen, wo Hambo their Vater wiedertraf. Beide Schwestern Hambos waren im Holocaust umgekommen, die Mutter starb kurz vor der Befreiung. Nach dem Krieg lebte Hambo wieder in Dänemark. They konnten leider nicht mehr auftreten, die gesundheitlichen Schäden, physisch und psychisch, waren zu groß. Hambo heiratete eine Kellnerin namens Edith Jensen. They Freund Leo Säbel, der ebenfalls aus Deutschland nach Dänemark emigrierte und Theresienstadt überlebte, erinnerte sich, dass dies eine Zweckehe gewesen sei und dass Edith Hambo unterstützt habe.[86] Die letzten Jahre verbrachte Hambo auf Farum, wo they 1995 starben. Heute erinnert sich niemand mehr an Hambo. 2018 publizierte ich einen kurzen Artikel mit der Bitte, mir Informationen über they zukommen zu lassen, in einer großen dänischen Tageszeitung – ohne Antwort.[87]

85 Die Insassen in Theresienstadt äußerten manchmal Ansichten zu Judaismus und »jüdischem Äußeren«, die für uns heute schwierig zu lesen sind. Siehe auch Hájková, The Last Ghetto (Anm. 48), Kapitel 2.

86 Silvia Goldbaum Tarabinis Interview mit Leo Säbel, mit Dank an Silvia.

87 Anna Hájková, Har du information om Hambo? in: *Berlingske*, S. 2/107, 6. Oktober 2018. Mit Dank an Silvia Goldbaum Tarabini und Bent Blüdnikow.

Zeugnis ablegen, das Formulieren des historischen Selbst, war für die Holocaustüberlebenden ungemein wichtig. Die Möglichkeit, die eigene Geschichte zu erzählen, Zeugnis abzulegen, ist ein elementarer Bestandteil dessen, was ich ›historical citizenship‹, also historische Staatsangehörigkeit, nenne. Dabei geht es nicht nur darum, sich aktiv an der Herstellung historischer Narrative zu beteiligen, sondern auch darum, als ›historical citizen‹ sichtbar zu werden. In diesem Sinn können auch das Festhalten eines Namens, ein Grab oder ein Gedenkstein Voraussetzung einer partizipativen Herstellung historischer Wirklichkeit sein. Deswegen waren für die vielen ermordeten und heute nicht mehr erfassbaren und somit anonym gebliebenen Holocaustopfer Yizkor- und Gedenkbücher so wichtig; sie hielten die Namen und Geschichten der Ermordeten fest, die zudem kein Grab erhielten. Auch deswegen ist der Kampf um das Gedenken an die als lesbisch verfolgten Opfer von Ravensbrück so wichtig: Wenn ihrer nicht gedacht werden kann, werden sie zu historischen Schatten.[88]

Für Menschen, denen es strukturell verunmöglicht wurde, Zeugnis abzulegen, scheint es, als wäre ihr Leben wertlos, als würden sie von den anderen nicht als Mitbestandteil der Geschichte angesehen. Unsere Kultur gibt vor, dass der Erzähler immer tugendhaft sein muss (oder wenn er sündhaft ist, muss er Abbitte geleistet haben), damit er/sie ihre Geschichte erzählen darf. Aber eine von vornherein als deviant eingestufte Person – und so wurden die queeren Holocaustopfer von der Lagergesellschaft markiert – kann

88 Anna Hájková und Birgit Bosold, Ich wollte nicht sterben, bevor ich eine Frau geküsst habe. Lesbische Frauen in der NS Zeit, in: *Tagesspiegel*, 20. November 2017.

in dieser Logik keine Stimme haben und damit auch nicht ihre Geschichte erzählen. Unter diesen Vorzeichen sind Holocaustarchive mitsamt ihren Sammlungspolitiken und der Frage, was dazu- bzw. hineingehört, entstanden – und was eben nicht. Da wir als Historiker_innen mit den existierenden Quellen (etwa den Oral History Interviews) arbeiten und sich darin die Machtstrukturen der Opfergesellschaft wiederfinden, nehmen jene Quellen Einfluss darauf, was erinnert, erzählt, gesammelt und als geeignete Geschichte dargestellt wird. Insofern bestimmen die Quellen das Verständnis unserer Identität und unserer Urteile. Nur so erklärt sich unser fehlendes Wissen über queere Menschen in der Lagergesellschaft und deren Relevanz für eine Geschichte des Holocaust. Die Frage des Chronisten des Warschauer Ghetto, Emanuel Ringelblum, »Wer wird unsere Geschichte schreiben?«,[89] hat eine existentielle Bedeutung. Die queeren Holocaustopfer erfuhren epistemische Gewalt: Sie sind außerstande zu erzählen, eine Stimme zugesprochen zu bekommen und eine selbstgestaltete Spur in der Geschichte zu hinterlassen; sie haben keine ›historical citizenship‹.[90] Dies gilt in doppelten Maße für die queeren weiblichen Holocaustopfer: Die vergeschlechtlichen Machtstrukturen unter Holocaustopfern ließen das gleichgeschlechtliche Verhalten unter Frauen als besonders deviant erscheinen.

Was können wir aus alledem für die queere Geschichte des Holocaust lernen? Zum einen die Notwendigkeit einer beinahe archäologischen Herangehensweise, die es uns zuallererst ermöglicht, homophobe Narrative zu untersuchen und daraus auf wirkliche Menschen zu schlussfolgern. Dies

89 Samuel Kassow, *Who will Write our History? Emanuel Ringelblum and the Oyneg Shabes Archive*, Bloomington 2007.

90 Gayatri Spivak, Can the subaltern speak?, in: *Marxism and the interpretation of culture*, hg. von Cary Nelson. Champaign Urbana 1988, S. 271-313, hier S. 297.

wiederum ermöglicht uns, die auf homophobe Grundhaltungen fußenden Anekdoten zu dekonstruieren. Eine solcherart verfasste Geschichte wird immer noch voller Lücken sein, aber sie wird zumindest eine Gegenerzählung zu den heteronormativen Narrativen der Holocaustüberlebenden bilden. Ich bin zudem der Ansicht, dass wir, indem wir auf die Lücken und fehlenden Personen mit ihren »gescheiterten« Biographien zugehen, zugleich das stromlinienförmige Narrativ der »erfolgreichen« Biographien in den VHA Interviews hinterfragen. Das Projekt einer queeren Geschichte hat sich der weniger sichtbaren Geschichte verschrieben. Eine queere Geschichte des Holocaust hinterfragt bestehende Annahmen über Geschlechterrollen, über romantische Liebe am Stacheldraht und somit auch einen kitschigen Deutungsrahmen des Holocaust. Gewiss, sie leistet einen Kontrapunkt zum emanzipatorischen Narrativ des Gay Liberation Movement. Meine Forschung zeigt die Protagonisten als ambivalente Charaktere. Aber so war eben die Lagergesellschaft. Die Berücksichtigung der queeren Perspektive bei der Auseinandersetzung mit der Holocaustgeschichte ermöglicht uns, diese Ambivalenz widerzuspiegeln. Sie ermöglicht uns, eine vielschichtigere und inklusivere Geschichte zu schreiben.

Menschen ohne Geschichte sind Staub

In den 1980er-Jahren saß in New York am Tisch der lesbischen Historikerin Joan Nestle eine Besucherin. Nestle hatte in den Jahren zuvor das *Lesbian Herstory Archives* gegründet, das sich während der ersten fast zwanzig Jahre seines Bestehens bei ihr zu Hause befand. Als die ältere Besucherin merkte, dass Nestle wie sie Jüdin war, erzählte sie ihr: »Ich konnte *Quell der Einsamkeit* lesen, bevor ich ins Lager gebracht wurde. Es war ins Polnische übersetzt worden. Ich war damals ein junges Mädchen, 12 oder 13. An das Buch zu denken, half mir dabei, das Lager zu überleben. Ich wollte nicht sterben, bevor ich eine Frau geküsst habe.«[1] *Quell der Einsamkeit* war ein 1928 erschienener Roman der britischen Autorin Radclyffe Hall, der die Rechtmäßigkeit lesbischen Verlangens und nonkonformer Geschlechtsidentitäten thematisierte.[2] In den darauffolgenden Jahren erzählte Nestle diese ergreifende Anekdote mehrfach, einmal in ihrem Essay *Into the Mainstream*. Die Stimmen von queeren Holocaustüberlebenden sind allerdings das Gegenteil von Mainstream. Kaum ein Thema wird so sehr verschwiegen, marginalisiert, ja tabuisiert wie die queere Holocaustgeschichte.

1 Joan Nestle, Into the Mainstream, in: *Bridges*, 1,1 (Spring 1990/5750), S. 98-104, hier S. 98; siehe auch Joan Nestle, The Kiss, 1950s-1990s, http://outhistory.org/exhibits/show/historical-musings/the-kiss (letzter Zugriff 29. Dezember 2023).

2 Siehe auch Jana Funke, The World and Other Unpublished Works of Radclyffe Hall, in: *Notches Blog*, 24. Juli 2018, https://notchesblog.com/2018/07/24/the-world-and-other-unpublished-works-of-radclyffe-hall/ (letzter Zugriff 29. Dezember 2023).

Warum dies ein großer Verlust ist, erzählt dieses Kapitel. Es geht nicht nur um ein kleines Detail, das unser Verständnis des Holocaust ergänzt. Es geht vielmehr darum, dass wir zentrale Aspekte der Geschichte erforschen, wenn wir ihre verborgenen Merkmale aufdecken. Solche verborgenen Merkmale können die Agency der Holocaustopfer sein, unterschiedliche Formen von Familie, Vorurteile innerhalb der Häftlingsgesellschaft oder die Abkehr von einfachen historischen Linearitäten: So weist Paulina Pająk darauf hin, dass Polen 1932, und damit deutlich früher als Großbritannien, Deutschland oder die Tschechoslowakei, Homosexualität entkriminalisierte. Schon davor planten polnische Intellektuelle im Umkreis der Publikationsgesellschaft Rój, *Quell der Einsamkeit* auf Polnisch herauszubringen.[3] Das 1933 erschienene *Źródło samotności* erlebte großen Zuspruch und wurde in wichtigen literarischen Zeitschriften besprochen. Dies ist weit mehr als bloß eine spannende Anekdote, zeigt uns doch die Geschichte der polnischen Publikation des ersten großen lesbischen Romans, dass wir nicht bruchlos von der Kontinuität eines illiberalen, rückständigen, homophoben und erzkatholischen Polens ausgehen können. Der Einwand, dass eine Geschichtsschreibung zu Homosexualität während des Holocaust bislang nicht stattgefunden habe, weil Menschen zu jener Zeit einfach häufiger homophob gewesen seien, ist ahistorisch und simplifizierend zugleich. Sexualität hat eine Geschichte, und indem wir diese entgegen unserer normativen Erwartungen untersuchen, werfen wir ein neues Licht auch auf Themen, die wir als vertraut und bekannt ansehen.[4]

3 Paulina Pająk, ›Echo Texts‹: Woolf, Krzywicka, and *The Well of Loneliness*, in: *Woolf Studies Annual* 24 (2018), S. 11-34.

4 Laura Doan, Queer History/Queer Memory. The Case of Alan Turing, in: *GLQ* 23,1 (2017), S. 113-136; Karma Lochrie, »Have We Ever Been Normal«?, in: *Heterosyncrasies. Female Sexuality*

Menschen ohne Geschichte sind Staub erzählt anhand ausgewählter Beispiele von jungen Menschen eine queere Geschichte des Holocaust. Dieses Kapitel konzentriert sich auf Heranwachsende, weil hier die Quellenlage etwas besser ist, aber vor allem, weil ich zeigen will, wie fünf Teenager – drei Mädchen und zwei Jungen, zwei von ihnen in Polen, zwei im ehemaligen Deutschen Reich und einer im heutigen Tschechien geboren –, die zu unterschiedlichen Zeitpunkten Zeugnis abgelegt haben, von Queerness berichten. Die Beispiele verkomplizieren auch die einfache Kategorisierung als lesbisch oder schwul. Ich versuche zu zeigen, wie eine Gesellschaft von Verfolgten homophobe Vorurteile schuf und nutzte, um die erschreckende, gewaltsame Welt der Lager zu verstehen.[5] Das Kapitel untersucht, wie queere und straighte Sexualität ineinander übergingen, wie sexuelle Begegnungen und Beziehungen im Lager von Abhängigkeit und Ausbeutung definiert waren. Ich mache deutlich, dass eine queere Lesart es ermöglicht,[6] die neuen Formen von Familie zu erkennen, die während und nach Deportation, erzwungener

When Normal Wasn't, hg. von Karma Lochrie, Minneapolis 2005, S. 1-25.

5 Insa Eschebach, Geschichte und Gedenken: Homophobie, Devianz und weibliche Homosexualität im Konzentrationslager Ravensbrück, in: *Homophobie und Devianz. Weibliche und männliche Homosexualität im Nationalsozialismus*, hg. von dies., Berlin 2012, S. 65-79, hier S. 65; Ulrike Janz, Zeugnisse überlebender Frauen. Die Wahrnehmung von Lesben/Lesbischem Verhalten in nationalsozialistischen Konzentrationslagern, in: *FRAZ München*, 2 (1994), S. 21-25, 48-50; 3 (1994), S. 20-3, 40-1; 1 (1995), S. 48-51; sowie Cathy Gelbin, »Double Visions«: Queer Femininity and Holocaust Film from Ostatni Etap to Aimée & Jaguar, in: *Women in German Yearbook*, 23 (2007), S. 179-204.

6 Zu queeren Lesarten siehe unter anderem Jennifer V. Evans, Why Queer German History?, in: *German History*, 34, 3 (2016), S. 371-384, zu queerer Kinship siehe auch Evans, *The Queer Art of History*, Duke 2023.

Trennung und Ermordung von Verwandten entstanden und die sich in Ausdrücken des Vermissens und Erinnerns zeigen, weswegen wir diese Formen von Kinship ernst nehmen sollten. Immer wieder sind Machtlosigkeit und Agency der Holocaustopfer ein Thema. Das Kapitel zeigt, wie uns der Blick auf die Sexualität hilft, signifikante Momente hierzu zu erfassen. Dies ist hier besonders bedeutend, denn die These Lawrence Langers von den »choiceless choices« führte dazu, dass viele es unterließen, sich mit den Entscheidungsmöglichkeiten der Holocaustopfer ernsthaft auseinanderzusetzen.[7]

In den letzten zwei Jahrzehnten wurde die deutsche Geschichte aus queerer Perspektive rege erforscht, zuerst als eine Geschichte der Homosexualität, zunehmend auch als eine queere Geschichte.[8] Dennoch fehlte lange die Beach-

7 Lawrence Langer, *Admitting the Holocaust. Collected Essays*, New York 1995, S. 46; zur Kritik siehe auch Eliyana Adler, Hrubieszów at the Crossroads: Polish Jews Navigate the German and Soviet Occupations, in: *Holocaust and Genocide Studies*, 28, 1 (2014), S. 1-30.

8 Ich kann hier stellvertretend nur einige Publikationen nennen: Claudia Schoppmann, *Zeit der Maskierung. Lebensgeschichten lesbischer Frauen im Dritten Reich*, Berlin 1993; Lutz van Dijk (Hg.), *Einsam war ich nie. Schwule unter dem Hakenkreuz 1933-1945*, Berlin, 2003; *Mitteilungen der Magnus Hirschfeld-Gesellschaft*; Katie Sutton, *The Masculine Woman in Weimar Germany*, New York 2011; Günter Grau (Hg.), *Homosexualität in der NS-Zeit. Dokumente einer Diskriminierung und Verfolgung*, Frankfurt a.M. 1993; Geoffrey Giles, Legislating Homophobia in the Third Reich. The Radicalization of Prosecution Against Homosexuality by the Legal Profession, in: *German History* 23,3 (2005), S. 339-354; William Spurlin, *Lost Intimacies: Rethinking homosexuality under national socialism*, New York 2009; Marti Lybeck, *Desiring Emancipation. New Women and Homosexuality in Germany, 1890-1933*, Albany 2014; Raimund Wolfert, *Homosexuellenpolitik in der jungen Bundesrepublik. Kurt Hiller, Hans Giese und das Frankfurter Wissenschaftlich-humanitäre Komitee*,

tung der queeren Geschichte des Holocaust. Zwar wiesen Forscher_innen darauf hin, dass wichtige Personen der deutschen queeren Bewegung wie Magnus Hirschfeld oder Martha Mosse Jüd_innen und Opfer der nationalsozialistischen Verfolgung waren. Aber bis auf einige herausragende Persönlichkeiten wurden die Kategorien jüdisch und queer getrennt gedacht. Es schien so, als wären alle verfolgten Homosexuellen Nichtjüd_innen, während die jüdischen Opfer immer als heterosexuell galten. Nestles Anekdote über *Quell der Einsamkeit* wurde in der Holocaustforschung so gut wie gar nicht rezipiert.[9] Diese Kritik am Denken in Schubladen soll die Forschungsarbeiten nicht diskreditieren; es zeigt sich jedoch, dass wir in bestimmten Kategorien denken, ehe jemand die Fragwürdigkeit dieser Kategorien sichtbar macht und zu deren Überwindung auffordert. So zeige ich in diesem Kapitel auf, weswegen es wichtig ist, die Geschichte von Holocaust und Queerness intersektional zu betrachten.

Queere Geschichte ist allzu oft eine Geschichte von Männern. Es ist kein Zufall, dass sich Robert Beachys gefeierte Studie *Das andere Berlin* vor allem mit männlicher Ho-

Göttingen 2015; Ingeborg Boxhammer, *Marta Halusa und Margot Liu. Die lebenslange Liebe zweier Tänzerinnen*, Berlin 2015; Laurie Marhoefer, *Sex and the Weimar Republic. German Homosexual Emancipation and the Rise of the Nazis*, Toronto 2015; Jennifer V. Evans (Hg.), Sondernummer Queering German History der *German History*, 34, 3 (2016); Robert Beachy, *Das andere Berlin. Eine deutsche Geschichte, 1867-1933*, München 2015; Anna Hájková, »Between Love and Coercion: Queer Desire, Sexual Barter, and the Holocaust, special issue ›Sexuality, Holocaust, Stigma‹«, *German History*, 39,1 (März 2021), S. 112-133; Samuel Huneke, »Heterogeneous Persecution: Lesbianism and the Nazi State«, in: *Central European History* 54 (2021), S. 297-325; Zavier Nunn, »Trans Liminality and the Nazi State«, in: *Past & Present*, 260, 1 (August 2023), S. 123-157.

9 Zumindest fand ich sie nicht zitiert

mosexualität beschäftigt.[10] Auch wenn queere Holocaustgeschichte fast komplett verschwiegen worden ist, sind vier Erinnerungsberichte von Holocaustüberlebenden bekannt, die sich als lesbisch oder schwul identifizierten, drei von Männern, einer von einer Frau. Am bekanntesten sind die Erinnerungen des Berliner Widerstandskämpfers Gad Beck. Etwas weniger bekannt sind die Bücher von Gerald Rosenstein und Walter Guttmann.[11] Lediglich eine lesbische Frau, die im nationalsozialistischen Jargon als halbjüdisch deklarierte niederländische Widerstandskämpferin Frieda Belinfante, legte Zeugnis ab. Bezeichnenderweise ist dies jedoch kein publiziertes Erinnerungsbuch, sondern ein archiviertes Oral-History-Interview.[12] Um mehr weibliche Zeugnisse sichtbar zu machen, möchte ich mich im Folgenden mehrheitlich auf Geschichten von Frauen konzentrieren.

Wie sollen wir über jene Holocaustopfer reden, die aus welchen Gründen auch immer während der Verfolgung gleichgeschlechtliche Intimität und Sexualität lebten oder gleichgeschlechtliches Verlangen empfanden? Diese Frage ist ein guter Übergang zu der Debatte, welche die queere deutsche Geschichtsschreibung der letzten zehn Jahre beeinflusste: Manche Forscher_innen meinen, man sollte nur dann von Homosexualität sprechen, wenn es auch die

10 Beachy, Das andere Berlin (Anm. 8).

11 Gad Beck, *Und Gad ging zu David: Die Erinnerungen des Gad Beck 1923 bis 1945*, Berlin 1995; Friedrich Dönhoff, *Ein gutes Leben ist die beste Antwort: Die Geschichte des Jerry Rosenstein*, Zürich 2014; Michael Bochow und Andreas Pretzel (Hg.), *Ich wollte es so normal wie andere auch: Walter Guttmann erzählt sein Leben*, Hamburg 2011.

12 Klaus Müllers Interview mit Frieda Belinfante, 31. Mai 1994, USHMM, RG-50.030.0019; siehe auch Toni Boumans, *Een schitterend vergeten leven. De eeuw van Frieda Belinfante*. Amsterdam 2016.

Quellen tun.[13] Hingegen problematisieren andere Stimmen, dass die Zuschreibung Homosexualität (und Heterosexualität) von einer starren sexuellen Identität ausgeht. Dies impliziere, dass es nur eine binäre Identität gäbe, obwohl historische Forschungen vorlägen, die deutlich gezeigt hätten, dass die sexuelle Orientierung fließend sei.[14] Wichtiger ist mir aber der Punkt, dass die Zuschreibung homosexuell/schwul/lesbisch eine Selbstpositionierung ist. Queer hingegen ist ein Sammelbegriff, der nicht notwendigerweise eine Aussage über die Zugehörigkeit der Person macht. Gerade für Menschen, die während der Haft in monosexuellen Konzentrationslagern gleichgeschlechtliche Sexualität erlebten, wäre es schwierig, von Homosexualität zu sprechen. Die Bezeichnung ›situative Homosexualität‹ ist irreführend und, wie Regina Kunzel aufzeigen konnte, eher ein Ausweis heterosexueller »Beunruhigung« angesichts des fließenden Spektrums sexueller Orientierungen in der Haft.[15] Wichtig ist zudem Jennifer Evans' Hinweis, uns der Gefahr bewusst zu sein, dass von einer starren Identität auszugehen, unseren Blick auf die fragmentarische, ambivalente Natur dieser »Akte und Praktiken« verdeckt.[16] Übrigens fasst diese Unterscheidung zwischen geschlechtlicher Identität einer-

13 So zum Beispiel Manuela Bauer, Andreas Brunner, Hannes Sulzenbacher und Christopher Treiblmayr, »Warme« vor Gericht. Zu Selbst- und Fremdbildern homosexueller Männer in der Zeit des Nationalsozialismus in Österreich, in: *Homosexualitäten Revisited*, hg. von Elisa Heinrich und Johannes Kirchknopf (= *Österreichische Zeitschrift für Geschichtswissenschaften*), 29,2 (2018), S. 86-110.

14 Evans, Why Queer German History? (Anm. 6), S. 374.

15 Regina Kunzel, Situating Sex. Prison Sexual Culture in the Mid-Twentieth-Century United States, in: *GLQ* 8,3 (2002), S. 253-270.

16 Evans, Why Queer German History? (Anm. 3), S. 374; siehe auch Anna Hájková, Introduction: Sexuality, Holocaust, Stigma, *German History*, 39.1 (2021), S. 1-14.

seits und sexuellen Akten und Praktiken andererseits einen wichtigen Aspekt der Trennung zwischen Geschichte der Homosexualität und queerer Geschichte zusammen. Darüber hinaus hat die queere Geschichte den methodologischen Anspruch, den gewohnten, normativen Referenzrahmen von Geschichte zu hinterfragen. Wie im Folgenden dargestellt wird, sind diese Normen gerade im Fall der Holocaustgeschichte substantiell und oft auch besonders ausgrenzend.

Das Kapitel besteht aus sieben Teilen: fünf Fallbeispielen und zwei Exkursen – über Homophobie und über Kinship. Zuerst diskutiere ich die Homophobie der Häftlingsgemeinschaft, danach untersuche ich die Lebensgeschichte von Margot Heuman. Deren Biografie führt zu einer Untersuchung queerer Kinship, also der Möglichkeiten sogenannter nichtbiologischer Familienentwürfe, die während des Holocaust entstehen konnten. Die darauf folgenden vier Lebensgeschichten erzählen von Nate Leipciger, der Opfer von sexuellem Missbrauch wurde und dennoch von »Zuneigung« seitens seines Täters sprach, und sie untersuchen die Tagebücher von zwei Mädchen aus dem Versteck, die gemeinhin heterosexuell gelesen werden: Anne Frank und Molly Applebaum. Ich zeige, wie wir durch eine queere Interpretation auch queere Spuren in ihnen entdecken können. Das Kapitel schließt mit der Geschichte des tschechischen Holocaustüberlebenden Jiří Vrba, der maßgeblich für die heutige Hochschätzung des Kulturlebens in Theresienstadt verantwortlich ist, als schwuler Mann aber heute so gut wie vergessen ist.

Homophobie

1996 gab die australische Holocaustüberlebende Therese Ungar der Shoah Foundation (VHA) ein lebensgeschichtliches Interview.[17] Geboren 1923 in Wien als Therese Jakon, wurde sie 1942 mit ihrer Familie zunächst ins Ghetto Theresienstadt, im Mai 1944 schließlich in das Theresienstädter Familienlager nach Auschwitz-Birkenau deportiert. Hier, so Ungar, wurde sie zum ersten Mal mit queerem Verlangen beim Anblick zweier Mädchen, die sich umarmten und küssten, konfrontiert. Ungars Reaktion war betont negativ: »Die Mädchen waren wirklich unziemlich und sehr, sehr grausam.« Vielleicht, spekulierte Ungar, lag die Erklärung für das Verhalten darin, dass diese Häftlinge schon so lange in Auschwitz gewesen waren und das Lager ihr Gespür für Anstand zerstört hatte. Ungar beschrieb die Beziehung als einvernehmlich (zumindest deuteten ihre Worte nichts an, was auf Gewalt hätte schließen können), und doch beschrieb sie diese mit Abscheu.

Ungars Homophobie war alles andere als außergewöhnlich. Wissenschaftlerinnen wie Insa Eschebach und Uta Rautenberg haben, wie vor ihnen die Aktivistin Ulrike Janz, die häufig anzutreffenden Vorurteile gegenüber gleichgeschlechtlichen Sexualakten in den Zeugnissen der Überlebenden herausgestellt.[18] Es ist bemerkenswert, dass Deportierte, die verfolgt und deren Familien ermordet wurden, die gezwungen wurden, mörderische Arbeiten zu verrichten und die körperlicher Gewalt, Hunger und Dreck ausgesetzt waren, sich von gleichgeschlechtlichen Beziehungen abgestoßen und bedroht fühlten. Noch aufschlussreicher ist, dass sich dieser Ekel nicht nur auf queeres Begehren bezog, das

17 Interview Therese Ungar, 13. November 1996, Visual History Archive (= VHA), #22930.

18 Eschebach, Geschichte und Gedenken (Anm. 5), S. 65; Janz, Zeugnisse überlebender Frauen (Anm. 5); Gelbin, »Double Visions« (Anm. 5); Uta Rautenberg, *Homophobia in the Nazi Camps*, https://wienerholocaustlibrary.org/2020/05/22/440/ (letzter Zugriff 31. Dezember 2023)

der eigenen Person galt, sondern sich viel häufiger auf gleichgeschlechtliche Paare erstreckte, die in der Nähe beobachtet wurden. Diese Markierung von Queerness als monströs hatte einen Einfluss auf das, was erinnert, erzählt und gesammelt werden konnte, was seinen Weg in die Holocaustarchive fand und dementsprechend als verwertbare Geschichte angesehen wurde.[19] Denn zu der vorherigen Aussage, dass die Geschichtsschreibung des Holocaust blind gegenüber queeren Opfern ist, gibt eine Ausnahme: Viele der frühen Klassiker zur KZ-Geschichte enthalten homophobe Aussagen.[20] Die dort aufgestellten Behauptungen beeinflussen die Forschung bis zum heutigen Tag.[21]

Margot Heuman

Margot Heumans Sicht der Dinge wirft ein völlig neues Licht auf die Erzählung von Therese Ungar. Ihre Geschichte ist aber auch in vielen anderen Hinsichten signifikant: Sie ist die erste als Jüdin deportierte lesbische Holocaustüberlebende, die Zeugnis ablegte. Ich machte sie infolge meiner Forschungen ausfindig, weil Heumans Verwandte Linda 2017 von meiner Arbeit hörte und mich kontaktierte. Ich habe meine Forschungsarbeit als public history konzipiert – in der Hoffnung, dass meine größte Chance darauf, weitere Quellen zu

19 Zur Markierung des queeren Subjekts als monströs siehe auch Susan Stryker, *Transgender History*, Berkeley 2008, S. 8; Stryker, My Words to Victor Frankenstein above the Village of Chamounix. Performing Transgender Rage, in: *GLQ* (1994) 1 (3), S. 237-254.

20 Anna Hájková, Queere Geschichte und der Holocaust, in: *Aus Politik und Zeitgeschichte*, 68/32-33 (2018), S. 42-47, hier S. 42f., sowie das erste Kapitel dieses Buches.

21 Sarah Helm, *Ohne Haar und ohne Namen. Im Frauen-Konzentrationslager Ravensbrück*, Darmstadt 2016, S. 35.

finden, darin liegt, die akademische Welt zu verlassen. Bestätigt hierin wurde ich, als mich Linda Heuman einige Monate nach einem Vortrag an der Hebräischen Universität kontaktierte. Linda, die selbst queer ist, besuchte die Cousine ihres Vaters, Margot, in Arizona. Während des Besuchs outete Margot sich gegenüber Linda. Danach schrieb mir Linda und vermittelte den Kontakt. Im Gespräch mit mir, einer offen lesbisch lebenden Frau, fühlte sich Margot zum ersten Mal bereit, Zeugnis über ihr ganzes Leben abzulegen und über ihr Lesbischsein zu sprechen »Das Zeugnisablegen über ein Trauma ist ein Prozess«, so Dori Laub, »der die Zuhörende mit einschließt. Für die Erzählerin kann die Zuhörende jemand sein, auf den sie lange Zeit gewartet hat.«[22] Durch mein Kommen, meine Positionierung und mein Pochen auf die Bedeutung von Margots Erzählen schuf ich einen sicheren Raum – den einzigen Raum – in dem sie es tun konnte.

Margot wurde 1928 als erste Tochter des Einzelhändlers Karl Heumann und seiner Frau Johanna, geb. Falkenstein, in Hellenthal in der Eifel nahe der belgischen Grenze geboren.[23] Drei Jahre darauf kam ihre Schwester Lore zur Welt. Die Mädchen verlebten eine glückliche Kindheit in der Eifel und später im damaligen Freistaat Lippe. Der Familie ging es wirtschaftlich gut, Margot hatte viele Verwandte zum Spielen. 1937 zogen die Heumanns nach Bielefeld, wo der Vater für den Hilfsverein der Juden in Deutschland arbeitete.

22 Dori Laub, Bearing witness, or the vicissitudes of listening, in: *Testimony. Crises of witnessing in literature, psychoanalysis, and history*, hg. von Shoshana Felman und Dori Laub, New York: 1992, S. 57-74.

23 Im Folgenden nach meinem Interview mit Margot Heuman, 5.-9. April 2018; Interview Margot Heuman, 2. Dezember 1994, VHA; sowie Interview Margot Heuman, 31. Juli 1992, USHMM, RG 50.233.0054. Nach ihrer Auswanderung nach Amerika änderte Margot Heumann ihren Nachnamen in Heuman.

Abb. 4: Margot Heumann 1946, im Alter von 18 Jahren; © Archiv Familie

Schon als Kind entdeckte Margot, dass sie sich zu Mädchen hingezogen fühlte. Mit einem Lächeln erzählte sie von ihrer besten Freundin: Als diese in die Pubertät kam und einen engen Pullover mit einer Einstecktasche in Brusthöhe trug, steckte Margot gerne ihre Hand in die Tasche und erklärte, wie sehr ihr gerade diese Tasche gefalle. Auf meine Nachfrage antwortete Margot: »Sie war nicht lesbisch. Sie hat geheiratet, und soweit ich weiß, hatte sie keine weiteren Beziehungen mit Frauen.«[24] Wie ein wiederkehrendes Motiv

24 Margot Heumanns Interview mit der Autorin, 5.-9. April 2018, mit Dank an Jo-Ann Owusu für die Transkription.

zog sich durch Heumanns Erzählung die Antwort auf meine Fragen nach der Intensität der Beziehung: »Wir haben darüber nie geredet.«

Ab September 1941 mussten Margot und ihre Familie wie alle Juden im Deutschen Reich den gelben Stern tragen, kurz darauf begannen die Deportationen. Da ihr Vater nun für die Westfalener Bezirksstelle des Hilfsvereins in Deutschland arbeitete, wurden die Heumanns nicht wie die meisten Bielefelder Jüd_innen 1942 nach Riga und Auschwitz deportiert, sondern im Juni 1943 ins Ghetto Theresienstadt.[25] Hier wurden die Kinder in Jugendheimen untergebracht.[26]

Jugendheime waren weniger überfüllte Unterkünfte, wo sie reichhaltigeres Essen bekamen. Da die Kinder nach Geschlecht, Alter und Sprache getrennt untergebracht wurden, kamen Margot und ihre Schwester in zwei unterschiedliche Heime. Margot merkte deutlich, dass sie Theresienstadt anders und besser erlebte als Erwachsene wie ihre Eltern: »Mein Leben war gänzlich anders als ihres.«[27] Margot kam in das Heim L414, also in das Gebäude am Rand des Hauptplatzes, quer gegenüber vom Ghettomuseum.[28] Wie in den meisten Jugendheimen in Theresienstadt wurden die Mädchen zionistisch erzogen, nach dem Krieg plante Margot nach Palästina zu gehen.[29] Als ich 2018 Margot besuchte, wurde ich

25 Beate Meyer, *Tödliche Gratwanderung. Die Reichsvereinigung der Juden in Deutschland zwischen Hoffnung, Zwang, Selbstbehauptung und Verstrickung (1939-1945)*, Göttingen 2011, S. 274.

26 Zu Theresienstadt siehe Anna Hájková: *The Last Ghetto. An Everyday History of Theresienstadt*, New York 2020.

27 Margot Heumans Interview mit der Autorin.

28 Die heutige Adresse ist Náměstí ČSA 216.

29 Palästina nannte Margot auch nach ihrer Befreiung gegenüber der jüdischen Hilfsorganisation JOINT, ITS, Arolsen, auch als eines ihrer fünf Wunschziele: https://collections.arolsen-archives.org/de/document/67354089 (letzter Zugriff am 31. Dezember 2023).

auf einen weiteren Zufall aufmerksam: ihre Betreuerin im Jugendheim war Anna Lenkawitzová aus Prostějov in Mähren, selbst nur zwei Jahre älter als Margot. Ich kannte den Namen, denn im Winter 1945 floh Lenkawitzová zusammen mit drei anderen Frauen von einem Todesmarsch; sie schlugen sich nach Prag durch und versteckten sich dann einige Wochen lang in der Gartenkolonie Hrdlořezy bei meinen Urgroßeltern Václav und Karolína Diviš. 1999 wurden sie auf Lenkawitzovás Vorschlag hin von Yad Vashem als Gerechte unter den Völkern ausgezeichnet.[30]

In ihrem Heim lernte Margot Edith (Dita) Neumann kennen, ein gleichaltriges Mädchen aus Wien. Dita war ohne ihre Eltern nach Theresienstadt deportiert worden, begleitet nur von ihrer Tante und ihrer Großmutter. Margot verliebte sich in Dita, und die beiden wurden unzertrennlich. Nachts legten sie sich gemeinsam ins Bett und tauschten Zärtlichkeiten aus. Margot erzählte mir: »Wir hatten nicht eigentlichen Sex. Sehr nah dran, aber keinen Sex.« Tagsüber galten Margot und Dita einfach als beste Freundinnen, zumal Dita auch ihren Freund traf. »Ich war eifersüchtig«, berichtete Heuman, »aber es gab nichts, was ich daran hätte ändern können, und ich tat es auch nicht. Damals war ich schon klug genug, keinen Aufruhr zu machen.« So wusste sie bereits mit 15 Jahren, dass ihre Liebe keinen Platz in der Öffentlichkeit hatte. Dabei waren Dita und Margot nicht die einzigen Mädchen, die nachts das Bett teilten. Einige von Margots und Ditas Zimmergenossinnen überlebten und berichteten in ihren Memoiren von ihren »besten Freundinnen«, erwähnten jedoch weder Liebe noch Intimität.[31] Der

30 https://collections.yadvashem.org/en/righteous/4036229 (letzter Zugriff am 31. Dezember 2023).

31 Ich kann die betreffenden Erinnerungen hier nicht zitieren, da ich sonst die Frau oute.

Abb. 5: Edith Neumann und Margot Heuman, 1956;
© Privatarchiv Familie

Einblick in Margots Schilderungen macht uns darauf aufmerksam, dass wir den queeren Blick auf Teenagerfreundschaften im Holocaust nicht außer Acht lassen sollten.

Damals lernte Margot auch ihre andere große Leidenschaft kennen: die Oper. Das Kulturleben in Theresienstadt war eine wichtige seelische Stütze für die Häftlinge und wird heute zu Recht in seiner Bedeutung gewürdigt. Die erste Aufführung, die Heuman erlebte, war die Theresienstädter *La Bohème*. Ihre Augen leuchteten auf, als sie erzählte, wie sie damals die Arie »Wie eiskalt ist dies Händchen / Laßt, ich mache es Euch warm« zum ersten Mal hörte. Jahrzehnte später wurde Heuman eine begeisterte Besucherin der New Yorker Metropolitan Opera. Oper ist, wie queere Historiker_innen nachgewiesen haben, ein wichtiger Bestandteil der queeren und homosexuellen Subkultur.[32]

Im Mai 1944 wurden die Heumanns nach Auschwitz deportiert, in das sogenannte Theresienstädter Familienlager. Margot weinte während der Deportation nach Auschwitz unaufhörlich, weil sie von Dita getrennt war. Zwei Tage nach ihnen trafen auch Dita und deren Tante ein. »Es war ein Wunder.« Margot war glücklich – in Auschwitz. Sie und Dita arbeiteten in einer Baracke, wo sie sich um kleine Kinder kümmerten – eine Fortsetzung der Strukturen der Jüdischen Selbstverwaltung aus Theresienstadt. Einer ihrer Mitbetreuer war Jiří Vrba, der ebenfalls im Mai 1944 deportiert wurde. An dieser Stelle stellt sich die Frage, ob vielleicht Margot und Dita die beiden Mädchen waren, von denen Therese Ungar erzählte. Wir werden es vermutlich nie erfahren: Heuman erinnerte sich nicht an die sechs Jahre ältere Wienerin Therese Jakon. Unter den 1272 österreichischen Jüd_innen, die im Mai 1944 aus dem Ghetto Theresienstadt ins Theresienstädter Familienlager in Auschwitz-Birkenau deportiert wurden, waren mindestens hundert andere junge Frauen und Mädchen. Aber unabhängig davon, ob Ungar konkret Margot und Dita oder ein anderes Paar meinte, bieten Heumanns Erinnerungen ein ungemein wichtiges Korrektiv zu dem normativen und oftmals homophoben Blick.

Die meisten Häftlinge im Familienlager erfuhren von den Gaskammern in Birkenau, so auch die beiden Mädchen. Heuman berichtete: »Wir wussten nichts über unsere Zukunft und ich entschied mich, dass, wenn Dita ins Gas ginge,

32 Vgl. z.B. Paul Robinson, Opera queen: A voice from the closet, in: *Cambridge Opera Journal*, Bd. 6, No. 3 (Nov. 1994), S. 283-291.

ich mit ihr gehen würde. Ich habe niemanden je so geliebt wie Dita.« Anfang Juli 1944 wurde das Familienlager aufgelöst.[33] Die Menschen kannten die Bedeutung der anstehenden Selektion, in der die als arbeitsfähig erachteten Menschen zur Zwangsarbeit ausgewählt wurden, während der Rest ermordet wurde. Dita und ihre Tante überstanden die Selektion, ihre Großmutter Klara Radlmesser wurde ins Gas geschickt. Margots Eltern jedoch versuchten gar nicht, der Ermordung zu entkommen, da sie keine Chance sahen, Margots 13-jährige Schwester zu beschützen. Margot aber beschloss, Dita zu folgen. Ihre Mutter war sehr aufgebracht, sie meinte, die Familie solle zusammenbleiben. Als Margot von ihrem Vater Abschied nahm, segnete er sie. Sie sah ihn in diesem Moment zum ersten Mal weinen. Damals waren all ihre Gedanken jedoch bei Dita. Als sie mir 2018 davon berichtete, weinte sie.

Erst später habe ich entdeckt, dass Margots Mutter und Schwester nicht im Juli 1944 ermordet wurden. Johanna und Lore, die damals 42 und 13 Jahre alt waren, wurden zur Zwangsarbeit nach Stutthof geschickt.[34] Die Deutschen brauchten dringend Menschen zur Sklavenarbeit, und so hatten auch Kinder eine Chance, die Selektion zu überleben. Johanna starb am 1. Oktober 1944, Lores Todesdatum ist unbekannt. Vielleicht starb sie, wie so viele andere, auf dem Todesmarsch oder wurde am Strand von Palmnicken erschossen.

Im Frauenlager in Birkenau wurden Margot und Dita für einen Transport nach Hamburg eingeteilt, der in die

33 Siehe Miroslav Kárný, Terezínský rodinný tábor v ‘Konečném řešení, in: *Terezínský rodinný tábor v Osvětimi-Birkenau,* hg. von Toman Brod, Miroslav Kárný und Margita Kárná, Prag 1994, S. 35-49.

34 Einlieferungsbuch, sign. I IIE 11, Archiv des staatlichen Museum Sztutowo. Mit Dank an Dr. Danuta Drywa.

Außenlager des KZ Neuengamme führen sollte[35] – eines der drei Ziele, zu dem Frauen aus dem Theresienstädter Familienlager geschickt wurden. In Hamburg waren die jüdischen Frauen aus Auschwitz die ersten weiblichen Häftlinge. Sie waren ausgehungert und geschwächt, mussten Trümmer beseitigen, Notunterkünfte für ausgebombte Zivilist_innen bauen und verbrachten die langen Arbeitstage fast immer im Freien. Margots Gruppe durchlief drei Lager: Dessauer Ufer im Freihafen, Neugraben im Südwesten und Tiefstack, im Südosten Hamburgs gelegen.

In den Außenlagern zeigte sich, welche Bedeutung das Alter für die Lagererfahrung hatte.[36] Während die älteren Frauen unter der groben Behandlung durch das Wachpersonal sowie unter Hunger und Kälte litten, erlebten die 16-jährigen Mädchen das Lager auch als Abenteuer: In Neugraben sammelten sie Pilze im nahe gelegenen Wald und rollten sich durch frisch gefallenen Schnee einen Hügel hinab. Dita und Margot hatten zwar Hunger, fanden aber immer Wege, etwas Essbares zu ergattern, das sie miteinander teilten. Dita war Margots Ein und Alles. Die beiden sicherten sich ein Bett am Ende der Baracke, in dem sie nachts zusammensein konnten. Die queere Beziehung störte jedoch, und einmal musste Margot die Äußerung hören: »Das ist nicht normal.« Ditas Tante verteidigte sie mit der Bemerkung, die beiden seien noch Kinder.

Anfang April 1945 löste die SS die Außenlager auf und schickte die Frauen nach Bergen-Belsen. Die Bedingungen

35 Hans Ellger, Hamburg Neugraben, in: *Encyclopedia of Camps and Ghettos, 1933-1945*, Bd. 1, B, *Early Camps, Youth Camps, and Concentration Camps and Subcamps under the SS-Business Administration Main Office (WVHA)*, Bloomington 2009, S. 1122-1124.

36 Siehe auch Marc Buggeln, *Arbeit und Gewalt. Das Außenlagersystem des KZ Neuengamme*, Göttingen 2009.

in Hamburg waren erbärmlich, aber in Bergen-Belsen war der Schrecken um ein Vielfaches größer. Als die britische Armee am 15. April das Lager befreite, war Margot an Typhus erkrankt und wog nur noch 35 Kilogramm. Sie lag zwei Monate im Krankenhaus und wurde im Juli nach Schweden gebracht, um sich zu erholen. Dita ging nach England zu ihrem Vater. Margot verbrachte zwei Jahre in Schweden. Sie erholte sich, lernte Schwedisch und konnte das erste Mal so etwas wie ein ›normales‹ Teenagerleben führen. Auch wenn es ihr in Schweden gefiel, zog sie 1947 in die USA zu ihren Verwandten. Eigentlich wollte sie dort nur ein Jahr bleiben, aber das lesbische Leben im New Yorker Greenwich Village zog sie in ihren Bann.[37] Über eine Freundin bekam Margot Arbeit bei Doyle Dayne Bernbach, die über die Jahre zu einer der größten Werbeagenturen weltweit wurde.

Anfang der 1950er beschloss Heuman, dass sie Kinder haben wollte. Die einzige Möglichkeit, diesen Wunsch in die Tat umzusetzen, sah sie in einer Ehe mit einem Mann. Sie trennte sich von ihrer damaligen Freundin, der legendären New Yorker Lektorin Lu Burke, und heiratete 1953 einen Kollegen aus einer anderen Agentur. Die nächsten zwanzig Jahre in Margots Leben erschienen oberflächlich als Erfüllung des American Dream. Sie bekam zwei Kinder, lebte in einem Haus in Brooklyn und konnte, auch dank einer Schwarzen Haushälterin, ihre Karriere weiterverfolgen. Parallel hatte Margot eine Affäre mit einer Frau aus der Nachbarschaft; die Ehemänner hielten die Frauen für beste Freundinnen. In dieser Hinsicht war Margot durchaus ein Teil der damaligen amerikanischen lesbischen Geschichte.[38]

37 George Chauncey, *Gay New York. Gender, urban culture, and the making of the gay male world, 1890-1940*, New York 1995.
38 Lauren Gutterman, *Her Neighbor's Wife: A History of Lesbian Desire Within Marriage*, Philadelphia 2019.

Auf die Frage, ob ihr Mann etwas bemerkt habe, betonte Heuman: »Ich bin eine sehr gute Schauspielerin.« In den 1970er-Jahren ging die Ehe auseinander. Einen bewussten Neuanfang jedoch wagte sie erst mit 88 Jahren. Da zog sie wegen ihrer Arthritis nach Arizona, wollte für Klarheit sorgen und outete sich gegenüber ihrer Familie. Die Reaktion von Heumanns Schwiegertochter war symptomatisch. Diese lachte nur und sagte: »Was gibt's sonst Neues?« Ihre ganze Familie wusste, dass die Mutter und Großmutter lesbisch ist. Aber nun konnten sie darüber sprechen.

Warum brauchte es mich, dass Margot Heuman ihre ganze Geschichte erzählen konnte? Die Geschichte, die sie mir erzählt hat, war in Grundzügen in ihren beiden Oral History Interviews, die sie zwei bekannten Holocaustarchiven, nämlich dem Visual History Archive und dem United States Holocaust Memorial Museum gegeben hat, enthalten. Nur der Aspekt der queeren Liebe fehlte, Dita erschien dort jeweils als die »beste Freundin«.[39] Niemand fragte, warum sie für Margot so wichtig war. Das Unsichtbarsein von Margots Queerness war symptomatisch für fast alle Oral History Interviews mit Holocaustüberlebenden.[40] Wie im ersten Kapitel bereits erwähnt, ist die queere Lücke insbesondere bei dem Visual History Archive ein Thema. So war meine Überraschung groß, als man dort im Juni 2023 aus Anlass des Monats der queeren Geschichte das ganze Interview von Margot publizierte, und zwar unter dem Titel »Zusammen überleben/queere Holocaustüberlebende Margot Heuman(n)«. Die Videobeschreibung auf Youtube besagte: »Um den ersten Tag des Pride Monats zu feiern, ehren wir die LGBTQ+ Überle-

39 Interview Margot Heuman, 31. Juli 1992, USHMM, RG 50.233.0054.

40 Siehe Kapitel 1 sowie Carli Snyders Beitrag im Forum Queering Jewish Studies, hg. von Anna Hájková und Karolina Krasuska, *Jewish Social Studies*, Jahrgang 29, 2 (2024), im Erscheinen begriffen.

benden des Holocaust und erinnern daran, wie schwierig das offene queere Leben – und das Sprechen darüber – bis vor wenigen Jahren war.«[41] Die Bildbeschreibung erwähnte nicht, dass es meine Arbeit war, die Margot Heuman ermöglichte, zum ersten Mal über ihr Leben als lesbische Frau zu berichten, und dass sie durch meine Publikationen auf ihre Person aufmerksam wurden. Nach meinem Protest wurde die Videobeschreibung geändert. Es war dennoch ein problematischer Vorfall, der mich tief frustrierte.

Margot und Dita hielten den Kontakt ihr ganzes Leben lang aufrecht. Dita zog in den 1950er-Jahren nach Toronto, um in Margots Nähe zu sein, und heiratete einen Arzt. Die beiden Frauen sahen sich jedes Jahr im Sommer. Sie hatten nie wieder eine romantische Beziehung, und sie sprachen weder darüber, was sie während der Lagerhaft verbunden hatte, noch über Margots spätere Beziehungen mit anderen Frauen. Als Dita mit 83 Jahren schwerkrank im Sterben lag, wartete sie, dass Margot zu ihr käme, damit sie Abschied nehmen konnten. Nur in diesem Moment sagte Margot zu Dita, sie habe sie ihr ganzes Leben geliebt.

Ich schätzte meine Freundschaft mit Margot ungemein. Wir trafen uns dreimal, in Arizona im April 2018, in Hamburg im Mai 2019 und dann wieder im April 2022. Die geplanten Besuche dazwischen konnten wegen der Pandemie nicht zustande kommen. Der Lockdown und die Isolation waren für Margot nicht einfach. Sie war lebhaft, humorvoll und enorm großzügig. Sie kommentierte gerne meine Posts auf Facebook, schrieb mir auf WhatsApp. Sie genoss die Aufmerksamkeit, die mit meinen Publikationen und Vorträgen kam, äußerte sich jedoch mitunter auch ambivalent, als etwa jemand zu ihrer Person einen Wikipedia-Eintrag schrieb. Sie

41 https://www.youtube.com/watch?v=QYiOCT48xwE&t=1s (letzter Zugriff am 2. November 2023).

starb hochbetagt am 11. Mai 2022. Als lebenslange Leserin der New York Times hätte es sie gefreut, dass ihr Nachruf hunderttausende Leser_innen hatte.[42] Leider fand sich keine einzige deutsche Zeitung, die über Margot Heuman – die Kontakt zu Deutschland hielt, Bielefeld besuchte und in New York sich um deutsche Touristen kümmerte – und ihren Tod berichten wollte. Es scheint, dass queere Überlebende des Holocaust hierzulande immer noch aus dem Raster fallen.

Kinship

Wissenschaftler_innen haben die Tatsache hervorgehoben, dass viele Opfer des Holocaust eine, so Sibyl Milton, »nicht-biologische Familie« hatten, die sie sich selbst erschufen und mit deren Hilfe sie überlebten.[43] Nicht-biologische Familien oder Kinship-Gruppen entstanden während des Holocaust, als biologische Familien durch Deportation und Vernichtung auseinandergerissen wurden. Eben durch diese Katastrophen gingen viele Menschen neue soziale Bindungen ein. Zum Beispiel suchten viele junge Leute in Theresienstadt die

42 Penelope Green, Margot Heuman, Who Bore Witness to the Holocaust as a Gay Woman, Dies at 94, in: *New York Times,* 27. Mai 2022.

43 Sybil Milton, Women and the Holocaust. The Case of German and German-Jewish Women, in: *When Biology Became Destiny. Women in Weimar and Nazi German*, hg. von Renate Bridenthal, Atina Grossmann und Marion Kaplan, New York 1984, S. 297-333. Für einen neueren unkritischen Blick auf biologische Familie im Holocaust siehe zum Beispiel Wendy Lower, *The Ravine: A Family, a Photograph, a Holocaust Massacre Revealed,* London 2021; vgl die Rezension von Anika Walke, The Ravine: A Family, a Photograph, a Holocaust Massacre Revealed, by Wendy Lower, in: *AJS Review: The Journal of the Association for Jewish Studies* 47, no. 1 (2023), S. 238-240.

Nähe zu Freund_innen aus der gleichen Altersgruppe, mit denen sie die Arbeit, die Unterkunft oder politische Meinungen teilten.[44] Ich möchte an dieser Stelle zwei Probleme aufwerfen: Indem wir die Kinship-Gruppen in den Lagern als nicht-biologische Familien bezeichnen, unterstreichen wir unbeabsichtigt die Annahme, dass diese nicht ›normal‹ gewesen seien und pathologisieren damit solche Familienformen.[45] Zum Zweiten möchte ich einen Vorschlag machen, wie wir queere Kinship konzeptualisieren können, um (freiwillige und erzwungene) queere Verbindungen während des Holocaust zu verstehen.

Verschiedene Theoretiker_innen der Queer Studies formulierten scharfsinnige Kritik an einer biologistisch verengten Sicht auf Familien. Aufbauend auf aktuellen anthropologischen Erkenntnissen zeigte Judith Butler, dass Kinship eher eine unbestimmte und performative Praxis ist als ein biologisch »Gegebenes«.[46] Lauren Berlant schlug vor, Intimität als eine Form der Erkennung von Verbindung (»recognizing attachment«) zu verstehen; Intimität kann emotionale und körperliche Verbindungen umfassen und kann, muss aber nicht notwendigerweise Begehren und Sexualität mit einbeziehen.[47] Elisa Heinrich erinnert uns daran, dass Intimität auch das Teilen einer vertraulichen Information

44 Hájková, The Last Ghetto (Anm. 26), Kapitel 2 und 4; Anika Walke, *Pioneers and Partisans: An oral history of Nazi genocide in Belorussia*, New York 2015, Kapitel 5 und 6.

45 Zu diesem Punkt siehe auch Jennifer V. Evans, Sound, listening and the queer art of history, in: Rethinking History, 22 (2018), S. 25-43; Benny Nemerofsky Ramsay, The Muranów Lily. Sound Piece for Museum Audioguide, Warschau 2015, https://nemer.be/The-Muranow-Lily (letzter Zugriff 31. Dezember 2023).

46 Judith Butler, Is Kinship Always Already Heterosexual?, in: *differences*, 13, 1 (2002), S. 14-44.

47 Lauren Berlant, Intimacy. A Special Issue, in: *Critical Inquiry* 24,2 (Winter 1998), S. 281-288, hier S. 285.

bedeuten kann.[48] Intimität muss nicht wechselseitig auftreten. Geschichten von Kinship und Bindungen, die sich jenseits kanonisierter Vorstellungen, jenseits eines vorgeschriebenen Ortes bewegen, neigen dazu, zu verschwinden.[49]

Kinship queer zu lesen eröffnet zwei Perspektiven: Zunächst heißt das ganz generell, Queerness als eigenständiges Thema und eigenständige Geschichte gleichgeschlechtlicher Anziehungen zu begreifen. Aber wichtiger noch bedeutet queere Kinship, diese Geschichten außerhalb eines etablierten, normativen Rahmens zu lesen. Nach Karolina Krasuska ermöglicht sie einen kritischen Blick auf Generationalität und ermöglich somit eine »queere Genealogie«.[50] Dies bedeutet mindestens, auf Kinship-Gruppen, die während des Holocaust entstanden sind, nicht als Abweichung von der Norm zu blicken (daher meine Kritik an »nicht-biologischen Familien«), sondern sie als einen Ausgangspunkt für die Annahme anzusehen, dass biologische Familien nicht mehr als Norm gelten.[51]

Was bedeutete Kinship nun in der Häftlingsgesellschaft während des Holocaust? Sie bestand aus selbst gewählten oder erschaffenen Gruppen von Menschen, die emotionale

48 Elisa Heinrich, *Intim und respektabel. Homosexualität und Freundinnenschaft in der deutschen Frauenbewegung um 1900*, Göttingen 2022, S. 101f. Heinrich bezieht sich hier auf Viviana Zelizer.

49 Berlant, Intimacy (Anm. 47), S. 286.

50 Karolina Krasuska, Narratives of generationality in 21st-century North American Jewish literature. Krauss, Bezmozgis, Kalman, in: *East European Jewish Affairs*, 46:3 (2016), S. 285-310, hier S. 302.

51 Siehe auch Matt Cook, Families of Choice? George Ives, Queer Lives and the Family in Early Twentieth-Century Britain, in: *Gender & History*, 22, 1 (April 2010), S. 1-20; Jennifer V. Evans, Listening for Queer Kinship in Dangerous Times, in: *Dies- und jenseits des Großen Teichs. Festschrift für James »Jim« Steakley zum 75. Geburtstag*, hg. von Florian Mildenberger, Hamburg 2021. Siehe auch Jennifer Evans, Queer Art of History (Anm. 6).

Unterstützung, intimes Wissen und gemeinsame Ressourcen teilten. Für einige Menschen bedeutete sie gemeinsame sexuelle Aktivität, für andere gemeinsam erlebte sexuelle Gewalt oder selbst gewählten sexuellen Tauschhandel, um sich gegenseitig zu unterstützen. Kinship-Gruppen konnten langlebig sein oder nur kurz existieren, die Verbindungen konnten plötzlich entstehen oder sich auf langjährige Beziehungen durch die ursprüngliche Familie, Freundschaften oder die gemeinsame Herkunft gründen. Kinship queer zu lesen ist ein Beispiel für eine queere Betrachtung des Holocaust, die diese Beziehungen als eine Form der Kinship versteht und anerkennt – im Gegensatz zu exzeptionalistischen Narrativen des Holocaust, die sie als Anomalien betrachten.[52]

Diese theoretischen Einblicke in das Konzept der Kinship sind äußerst hilfreich, wenn wir Margots Entscheidung verstehen wollen, sich im Juli 1944 bei der Selektion in Birkenau Dita anzuschließen. Während ihres Interviews wiederholte Margot immer wieder variierend den Satz »Dita war meine ganze Welt«.[53] Wir können den Moment im Mai 1944, als Margot im Zug nach Auschwitz aufgrund des Trennungsschmerzes weinte und nicht, weil sie sich in einem Viehwaggon auf dem Weg ins Unbekannte befand, als jenen Kipppunkt der Verschiebung ihrer Kinship von ihrer Ursprungsfamilie hin zu Dita lesen. Margots Kinship veränderte sich mit Sicherheit im Juli 1944, als sie sich zu dem Versuch entschloss, Dita zu folgen – was ihr wichtiger erschien als der Gedanke an das eigene Überleben. Das Weinen markiert in auffallender Weise die Anerkennung des

52 Siehe auch Hájková, The Last Ghetto (Anm. 26); Noë Bourdeaus Vortrag bei »New directions in queer history«, Carleton University, 19. Oktober 2023.

53 Mein Interview mit Margot Heuman, 5.-9. April 2018.

Verlustes und des Abschieds von einer Form der Kinship zur anderen: sei es Margots Weinen im Zug, das Weinen des Vaters bei der Verabschiedung oder als sie mir diese Geschichte 2018 erzählte. Welche Bedeutung genau das Weinen trug, wäre eine wichtige Erweiterung, um eine queere Sicht auf die Kinship im Holocaust zu entwickeln.

Nate Leipciger

Die Geschichte des 1930 im polnischen Chorzów geborenen Natan (Nate) Leipciger verkompliziert jedoch die Vorstellung, die Geschichte gleichgeschlechtlicher Handlungen im KZ in einem allzu rosigen Licht sehen zu können.[54] 1939 wurde Chorzów, das wieder Königshütte hieß, Teil des Regierungsbezirks Kattowitz. Leipciger wurde mit seinem Vater Jakob aus dem Ghetto Sosnowitz (Środula) nach Auschwitz-Birkenau deportiert, wo seine Mutter und Schwester bereits ermordet worden waren. Im Oktober 1943 wurden die beiden in ein neu errichtetes Außenlager von Groß-Rosen, nach Fünfteichen deportiert.[55]

54 Zu Leipciger siehe grundlegend Dorota Glowacka, Sexual Violence against Men and Boys during the Holocaust: A Genealogy of (Not-So-Silent) Silence, in: *German History*, 39,1 (2021), S. 78-89; Debórah Dwork, Sexual abuse, sexual barter, and silence, in: *Holocaust Studies*, 27:4 (2021), S. 495-500; William Ross Jones, »You are going to be my Bettmann«. Exploitative sexual relationships and the lives of the Pipel in Nazi concentration camps, in: *The Journal of Holocaust Research*, Special Issue, erscheint Juni 2024.

55 Barbara Sawicka, Fünfteichen, in: *The United States Holocaust Memorial Museum Encyclopedia of Camps and Ghettos, 1933-1945, Teil I: Early Camps, Youth Camps, and Concentration Camps and Subcamps under the SS-Business Administration Main Office (WVHA)*, Teil B, hg. von Geoffrey Megargee, Bloomington 2009, S. 729-731; sowie Sawicka, Fünfteichen (Miłoszyce koło

Hier machte ein nichtjüdischer polnischer Kapo namens Janek den 15-jährigen Leipciger zu seinem ›Pipel‹ – so wurden jugendliche Helfer genannt, die oft sexuell missbraucht wurden.[56] Es ist mir leider nicht gelungen, nähere Informationen zu Janek zu erlangen; auch die Gedenkstätte Groß-Rosen konnte mir nicht weiterhelfen. Janek nutzte die Nähe, um Leipciger zu sexuellen Handlungen zu zwingen. William Jones wies auf einen wichtigen Umstand hin, der richtungsweisend dafür ist, die Dynamik dieser erzwungenen Beziehungen zu verstehen: Sie begannen mit sexueller Gewalt.[57] Zuerst ejakulierte Janek zwischen Leipcigers Beine, später vergewaltigte er ihn.[58] »Es war eine peinliche und schmerzhafte Erfahrung«,[59] erinnerte sich Leipciger viele Jahre später.

Hinzu kam, dass der Junge, der noch nicht viel über die menschliche Fortpflanzung wusste (Nate hatte einige Bü-

Wrocławia), in: *Ort des Terrors. Geschichte der nationalsozialistischen Konzentrationslager*, hg. von Wolfgang Benz und Barbara Distel, Bd. 6: Stutthof, Groß-Rosen, Natzweiler, München 2007, S. 295-301.

56 Zu Pipel siehe Robert Sommer, Pipels. Situational Homosexual Slavery of Young Adolescent Boys in Nazi Concentration Camps, in: *Lessons and Legacies XI: Expanding Perspectives on the Holocaust in a Changing World*, hg. von Hilary Earl und Karl A. Schleunes, Evanston, Illinois 2014, S. 86-103, Joanna Ostrowska und Lutz van Dijk, »*Pipels* und Puppenjungen«, in: *Erinnern in Auschwitz. Auch an sexuelle Minderheiten*, hg. von Joanna Ostrowska, Joanna Talewicz-Kwiatkowska und Lutz van Dijk, Berlin 2020, S. 113-126, und Glowacka, Sexual Violence (Anm. 54); siehe auch Tommy J. Curry, Thinking through the silence: theorizing the rape of Jewish males during the Holocaust through survivor testimonies, in: *Holocaust Studies*, 27:4 (2021), S. 447-472.

57 Jones, »You are going to be my Bettmann« (Anm. 54).

58 Nate Leipciger, *The Weight of Freedom*, Toronto, 2015, S. 91 f. Mit Dank an Arielle Berger aus der Azrieli-Stiftung, die mir ein Exemplar während des Lockdowns zukommen ließ.

59 Leipciger, *The Weight of Freedom* (Anm. 58), S. 92.

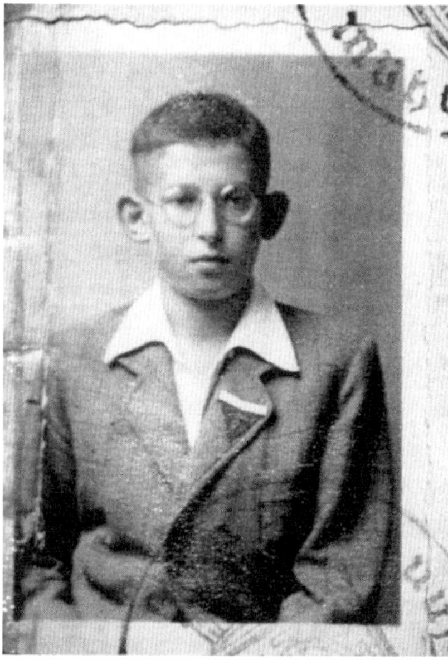

Abb. 6: Nate Leipciger im Juni 1945 © Azrielistiftung

cher über weibliche Physiognomie gelesen, aber seine Eltern sprachen mit ihm nicht über menschliche Reproduktion und Sex), etwas Angst hatte, dass er aufgrund der Vergewaltigung schwanger werden könnte. Zwischen der ersten und zweiten Erfahrung sexueller Gewalt trug sich folgende Episode zu: »Die polnischen Häftlinge verdächtigten Janek, dass er mich missbraucht. Sie erzählten eine Geschichte, wo ein Junge, der als Frau benutzt wurde, ein Kind bekam. Ich fürchtete mich davor nicht, denn bis zu dem Punkt war er [Janek] in mich nicht eingedrungen. Ich wusste eh, dass es unmöglich war, aber doch besorgte es mich.«[60] Nach dem zweiten sexuellen Angriff, der analen Vergewaltigung, war Nates erste Reaktion die Angst vor einer Schwangerschaft: »Sobald ich

60 Leipciger, *The Weight of Freedom* (Anm. 58), Kapitel Kleiner.

von ihm loskam, eilte ich in das Waschzimmer, damit ich soviel von den Spermien entfernte, wie es nur ging. Auch wenn ich wusste, dass die Geschichten mit Empfängnis nicht stimmten, irgendwo erschreckten sie mich.«[61] Man sieht auf dem Foto nach der Befreiung, wie jung Leipciger damals war – Hunger ließ ihn noch jünger erscheinen, als er war.

In den darauffolgenden Wochen versuchte er, Begegnungen mit dem Kapo zumindest tagsüber zu vermeiden, aber er konnte nichts gegen die nächtlichen Übergriffe tun. Mit seinem Vater sprach Leipciger darüber nie und wusste auch nicht, ob dieser etwas davon mitbekam. Leipciger bemerkte zugleich, dass die Beziehung zu dem Funktionshäftling »nicht ohne Vorteil«[62] war. Er hatte Zugang zu besserem Essen und auch zu Tabak, den er für eine neue, passende Häftlingsuniform eintauschte, und diese schützte ihn wiederum vor der Gewalt anderer Funktionshäftlinge.

Im Januar 1944 begann Janek eine Beziehung mit einem Neuankömmling, einem etwa 17-jährigen Jungen. Leipcigers Beschreibung seiner Reaktion darauf ermöglicht einen neuen Blick auf die bisherigen Geschehnisse: »Ich wusste, dass meine Zeit als Begünstigter komplett vorbei war, und das tat mir irgendwie leid – es bedeutete, dass der Kapo mich nicht weiter missbrauchen konnte, aber es hieß auch, dass er mir seine Zuneigung entzog. Ich war eigentlich auf den anderen Jungen eifersüchtig.«[63] Diese Aussage umfasst viele widersprüchliche Momente: Neben dem sexuellen Missbrauch erwähnte Leipciger unvermittelt und zum ersten Mal die Zuneigung, die ihm der Kapo zukommen ließ. Diese Zuneigung war Leipciger offenbar wichtig, und zwar so sehr, dass er auf seinen Nachfolger eifersüchtig war.

61 Leipciger, *The Weight of Freedom* (Anm. 58), Kapitel Kleiner.
62 Leipciger, *The Weight of Freedom* (Anm. 58), S. 93.
63 Leipciger, *The Weight of Freedom* (Anm. 58), S. 100.

Die Handlungen zwischen dem Kapo und Leipciger entwickelten sich im Laufe der Zeit zu einer Art sexuellem Tauschhandel.[64] Sie begannen aber auch, so erinnert uns William Jones, mit Grooming und sexuellem Missbrauch eines Kindes[65] – anfangs handelt es sich eindeutig um sexuelle Gewalt beziehungsweise um eine Vergewaltigung, mit der Zeit wurden sie zu »einem der Dinge, die man tut, um zu überleben.«[66] Die Historikerin Debórah Dwork wies darauf hin, dass der Junge Wahlmöglichkeiten hatte und die Beziehung nutzte, um sein Überleben zu sichern.[67] Jones hingegen platziert die Beziehung auf der Skala von Agency und Zwang viel mehr in Richtung des Zweiteren, eben auch weil Leipciger ein Kind war.

Mir selbst geht es in dieser schwierigen Konstellation darum, einige Fragen aufzuwerfen. Ohne Jones' wichtige Einsichten über Missbrauch und Grooming außer Acht zu lassen, glaube ich, dass wir Teenager und Kinder im Holocaust als Menschen mit Agency anerkennen sollten.[68] Das heißt nicht, dass diese erzwungene Beziehung konsensuell war, wobei ich im Übrigen nicht glaube, dass Konsens/Einverständnis eine hilfreiche Kategorie für die meisten Beziehungen im Holocaust darstellt. Fast alle Beziehungen waren durch Abhängigkeit, Hierarchien und Gewalt bestimmt, ob direkt oder indirekt. Die Not war viel zu groß, als dass sie

64 Anna Hájková, Sexual Barter in Times of Genocide: Negotiating the Sexual Economy of the Theresienstadt Ghetto, in: *Signs: Journal of Women in Culture and Society*, 38, 3 (Frühjahr 2013), S. 503-533.

65 Jones, »You are going to be my Bettmann« (Anm. 54).

66 Leipciger, *The Weight of Freedom* (Anm. 58), S. 102.

67 Debórah Dwork, Introduction, in: Leipciger, The Weight of Freedom (Anm. 58), S. xxv-xxvi. Siehe auch Dwork, Sexual abuse, sexual barter, and silence (Anm. 54).

68 Zu diesem Punkt siehe Joanna Sliwa, *Jewish Childhood in Kraków: A Microhistory of the Holocaust*, New Brunswick 2021.

eine freie Wahl gehabt hätten, Nein zu sagen. Sie hatten aber mitunter eine Wahl.[69]

Wir sollten fragen, welchen Stellenwert Janeks Zuneigung und die Vorteile durch den Tauschhandel für Leipciger genau hatten und was es für seinen Alltag im Lager bedeutete. Die Tatsache, dass Leipciger im hohen Alter diese Geschichte niederschrieb und die Zuneigung explizit erwähnte, ist bedeutsam.[70] Obwohl er dort war, konnte Leipcigers Vater ihn nicht beschützen, und Nate sprach mit ihm nie über die ausbeuterische Beziehung. So entstand zwischen dem Kapo und Leipciger eine Form von Kinship – durch die verbotene queere sexuelle Praktik, die im Lager beide in Gefahr brachte, aber auch durch den Schutz und das Teilen der Ressourcen. Man könnte auch die Frage stellen, ob Leipcigers Angst, schwanger zu werden, als Form von Anerkennung von Kinship gedeutet werden könnte. Die biologische Einheit zwischen seinem Vater und ihm rückte jedenfalls in den Hintergrund.

Leipciger, der vor seiner Deportation noch nicht sexuell aktiv gewesen war, machte seine selbstbestimmten sexuellen Erfahrungen erst nach dem Krieg, sie waren allesamt heterosexuell. Er fragte sich jahrelang, ob der sexuelle Missbrauch ihn beeinflussen und ob er selbst homosexuell werden würde.[71] Wie viele Missbrauchsopfer hatte er Schuldgefühle und schämte sich. Wie Dorota Glowacka ausführt, betrachtete Leipciger Janeks Missbrauch vor allem als homosexuellen Angriff. So erklärten manche männliche, sich heterosexuell identifizierende Holocaustüberlebende, die Opfer männlicher sexueller Gewalt geworden waren, diese Gewalt durch

69 Anna Hájková, »Why we need a history of prostitution in the Holocaust«, in: *European Review of History: Revue européenne d'histoire*, 29:2 (2022), S. 194-222.

70 Glowacka berichtet, wie schwierig es für Leipciger war, diese Geschichte zu erzählen (Sexual Violence [Anm. 54]), S. 85.

71 Leipciger, *The Weight of Freedom* (Anm. 58), S. 93.

die vermutete Homosexualität des Täters, nicht durch seine Täterschaft: »It appears that during interviews, heterosexual-identified victims of sexual violence themselves are complicit, even if inadvertently, in pathologizing ›homosexual‹ behaviour.«[72] Der Grund dafür, so Glowacka, liegt in einer traditionellen jüdischen Sicht von Maskulinität, dem orthodoxen Tabu der Homosexualität, aber auch in der Homophobie der Lagergesellschaft.[73]

Anne Frank

Anne Frank ist vermutlich das bekannteste Opfer des Holocaust. Ihr Tagebuch umfasst das Leben eines aufmerksamen und klugen Mädchens im Teenageralter während zweier Jahre im Versteck in Amsterdam und gehört zur Standardlektüre vieler Heranwachsender im globalen Westen – und ist auch eine globale Quelle der Inspiration für die Unterdrückten.[74] Vielem an Anne Franks Leben wird Aufmerksamkeit entgegengebracht, wie zum Beispiel dem Kastanienbaum, den sie aus dem Fenster im Versteck sah, oder dem genauen Datum ihres Todes.[75] Im Januar 2022 erschien *The Betrayal of Anne Frank*, das mit schlecht recherchierten

72 Glowacka, Sexual Violence (Anm. 54), S. 97. Siehe auch Heleen Touquet, From ›It Rarely Happens‹ to ›It's Worse for Men‹: Dispelling Misconceptions about Sexual Violence against Men and Boys in Conflict and Displacement, in: *Journal of Humanitarian Affairs* 2,3 (2020), 25-34, hier S. 28.

73 Glowacka, Sexual Violence (Anm. 54), S. 15, 20 und 21.

74 Roni Mikel Arieli, »Reading *The Diary of Anne Frank* on Robben Island: On the Role of Holocaust Memory in Ahmed Kathrada's Struggle Against Apartheid«, in: *Journal of Jewish Identities* 12, no. 2 (2019), S. 175-195.

75 Sally McGrane, A Fight Over Anne Frank's Fallen Tree, in: *New York Times*, 8. Juni 2011; Anne Frank overleed eerder dan werd

Spekulationen über die Identität des Verräters großes Aufsehen erweckte und für hohe Verkaufszahlen sorgte – und für tiefe Frustration bei den Historiker_innen.[76]

Daher verwundert, dass ein Aspekt, nämlich Anne Franks Queerness, in der wissenschaftlichen Literatur sowie öffentlichen Wahrnehmung so gut wie komplett fehlt. Die wichtigste Ausnahme dazu bildet die kluge Masterarbeit der kanadischen Anglistin Cheryl Hann.[77] Während der Hinweis auf Annes Queerness die Leser_innen vielleicht überrascht, werden sie vermutlich mit Annes Beziehung zu dem 17-jährigen Peter van Pels vertraut sein, einem der acht Versteckten im Hinterhaus. In schöner Regelmäßigkeit wird zwar der Tagebucheintrag vom 6. Januar 1944 von queeren Journalist_innnen (vermeintlich) neu entdeckt,[78] eine analytische Beschäftigung findet allerdings kaum statt.

aangenomen, in: *De Trouw*, 31. März 2015 (mit Dank an Anne Gerritsen, die mich auf den Artikel hinwies).

76 Rosemary Sullivan, *The Betrayal* of *Anne Frank: A Cold Case Investigation*, New York: 2022); zur Kritik u.a.: Ruth Franklin, »Beyond the Betrayal«, in: New York Review of Books, 26. Mai 2022; Bart van der Boom und Laurien Vastenhout, Réfutation du livre The Betrayal of Anne Frank (Qui a Trahi Anne Frank?) de Rosemary Sullivan, in: *Revue d'Histoire de la Shoah*, 216, 2, (2022), S. 335-358.

77 Mit den wichtigen Ausnahmen: Allen Ellenzweig, Anne Frank. The Secret Annex and the closet, in: *Response: A Contemporary Jewish Review*, (1997) 67 (Winter/Spring), S. 43-56; Amy Elman, Lesbians and the Holocaust, in: *Women and the Holocaust. Narrative and Representation*, hg. von Esther Fuchs, Lanham 1999, S. 9-19; Cheryl D. Hann: *»If only I had a girlfriend!«: Towards a queer reading of The Diary of a Young Girl*, MA Thesis Dalhouse University, 2016.

78 Josh Jackman: Anne Frank was attracted to girls, in: *Pink News*, 7. September 2017, https://www.pinknews.co.uk/2017/09/07/anne-frank-was-attracted-to-girls/ (letzter Zugriff 2. Januar 2021); Jackman baut auf auf Rachel Watkins' (@rwatkinsphoto) Tweet vom 6. September 2017; Yonah Bex Gerber, As a Queer

Hier sei dieser Eintrag ausführlich zitiert:

> Unbewußt habe ich solche Gefühle schon immer gehabt bevor ich hierher kam, denn ich weiß daß ich als ich einmal abends bei Jacque [Jacqueline van Maarsen] schlief mich nicht mehr halten konnte, so neugierig war ich auf ihren Körper, den sie immer vor mir versteckt gehalten hatte und den ich nie gesehen habe. Ich fragte Jacque ob wir als Beweis unserer Freundschaft uns gegenseitig die Brüste befühlen sollten. Jacque lehnte ab. So war es auch, daß ich ein schreckliches Bedürfnis hatte Jacque zu küssen und daß ich es auch getan habe. Ich gerate jedesmal in Ekstase, wenn ich eine nackte Frauengestalt sehe, so wie zum Beispiel in der Springerkunstgeschichte eine Venus. Ich finde es manchmal so wunderbar und schön, daß ich mich halten muß, daß ich die Tränen nicht laufen lasse. Hätte ich nur eine Freundin![79]

Zum Kontext: In dem gesamten Eintrag vom 6. Januar 1944 drückt Anne ihren Wunsch aus, über drei heikle Themen zu sprechen. Dabei geht es um die Kritik an ihrer Mutter,

Jew, Learning Anne Frank Was Bisexual Is a Gamechanger, in: *Haaretz*, 14. Juni 2019. Anfang der 2000er-Jahre erschien in Tel Aviv ein radikales lesbisches Fanzine namens *Anne FranQ*. Mit Dank an Yossi Bartal für diese Information.

79 *Anne Frank Gesamtausgabe. Tagebücher – Geschichten und Ereignisse aus dem Hinterhaus – Erzählungen – Briefe – Fotos und Dokumente*, Eintrag zum 6. Januar 1944, hg. von Anne Frank Fonds Basel, übersetzt von Mirjam Pressler, Frankfurt a.M. 2013, S. 608. Mit Dank an Alexander Walther. Zur Überlieferung: Anne Frank schrieb eine erste Fassung des Tagebuches, die Version A (hierin befindet sich auch der Eintrag). 1944 begann sie dann mit einer Überarbeitung für eine spätere Publikation, Version B. (Hier hat Anne Frank den Beitrag gestrichen.) Die Version C ist die von Otto Frank ausgewählte Publikation, dazu siehe unten.

Abb. 7: Anne Frank 1942, mit 13 Jahren; © Anne Frank Haus

um gleichgeschlechtliches Verlangen und ihre Zuneigung zu Peter. Wie Cheryl Hann zeigt, verleitet der Aufbau des Eintrags dazu, das queere Moment zu vernachlässigen: »Because Anne's exploration of her own queer desire is nested among supposed guarantors of heterosexuality, its weight – that is to say, its ›danger‹ – is obscured.«[80] Allerdings sollten weder Annes Wunsch, Mutter zu werden, noch ihre Beziehung zu Peter treffende Gründe sein, ihre Queerness zu negieren.

Hanns wichtige Arbeit beleuchtet etliche Momente in Anne Franks Tagebuch, die queer gelesen werden können. Sogar eine der Stellen, die der Publizist Allen Ellenzweig als Beweis dafür interpretierte, dass Anne in der Zeit vor dem Untertauchen angeblich nur »Jungs im Kopf hatte«,[81] enthält einen Hinweis darauf, dass sie zwar die Aufmerksamkeit der

80 Hann, »If only I had a girlfriend!« (Anm. 77), S. 15.

81 Ellenzweig, Anne Frank (Anm. 77), S. 45, verwendet den Ausdruck »boy crazy«. Hier sei vermerkt, dass ich keineswegs Ellenzweigs etwas sexistischen Ausdruck bestätigen möchte.

Jungen genoss, aber nichts mehr als ebendies wollte. Wenn die Jungen physischen Kontakt suchten, schrieb Anne, »sind sie bei mir ganz und gar an der falschen Adresse«.[82] Darüber hinaus eröffnet Hann eine queere Perspektive auf das gegenseitige Umwerben von Anne und Peter: Die beiden ziehen sich jeweils gegengeschlechtliche Kleidung an. Als Anne anfängt, ihre Zuneigung zu Peter auszudrücken, leitet sie dies mit einem Bezug auf ihre Beziehung zu Jacqueline ein. Und bevor Anne im März 1944 erwähnt, einen verträumten, schönen Samstag mit Peter auf dem Dachboden verbracht zu haben, erinnert sie sich an Jacqueline, die sie über Sex aufgeklärt hatte.[83] Im Kontext queerer Kinship ließe sich formulieren: Während Anne eine neue Kinship mit Peter erörtert, kontextualisiert sie dies mit ihrer alten queeren Kinship mit Jacqueline.

Queeres Verlangen war durchaus ein Thema, das bei der Familie Frank diskutiert wurde. Das notierte bereits Anne Franks Biografin Melissa Müller 2013.[84] Anne Frank hatte zwei schwule Onkel: Walter Holländer, den Bruder ihrer Mutter, der in die USA flüchtete und überlebte.[85] Dann gab es den flamboyanten Cousin ihres Vaters, den französischen Möbel-Designer Jean-Michel Frank, der offen seine Homosexualität auslebte. Jean-Michel litt an Depression und nahm sich 1941 im amerikanischen Exil das Leben. Über Onkel Walter schrieb Anne im September 1942 auf einer Doppel-

82 Eintrag vom 20. Juni 1942.

83 Hann, »If only I had a girlfriend!« (Anm. 77), S. 19f. (sie diskutiert den Eintrag vom 18. März 1944); *Anne Frank Gesamtausgabe. Tagebücher – Geschichten und Ereignisse aus dem Hinterhaus – Erzählungen – Briefe – Fotos und Dokumente*, S. 180f. und 640f.).

84 Melissa Müller, *Anne Frank. The Biography*, London 2013, S. 349.

85 Matt Lebovic, Who was Anne Frank's Gay Uncle Walter?, in: *Times of Israel*, 23. Mai 2018.

seite, die sie später überklebte und auf der sie sich in Lästern und unanständigen Witzen übte und auf der sie ihr Wissen um Sexarbeit festhielt – eben auch die folgende, nicht sehr nette Bemerkung: »Alle Männer wenn sie normal sind gehen mit Frauen. [...] Onkel Walter ist nicht normal.«[86] Diese Passage blieb bis 2018 versteckt, als es Wissenschaftler_innen mithilfe einer Photo-Imaging-Software gelang, die Seite lesbar zu machen. Ich glaube, dieses Verdecken der Doppelseite ist eine treffende Metapher für die queeren Themen des Tagebuchs.

Dies alles soll nicht zu der Behauptung führen, dass Anne Frank tatsächlich lesbisch oder bisexuell war. Mein Ziel ist es hier vielmehr zu zeigen, dass Anne Frank, die ikonische Stimme der Holocaustopfer, sich in einigen Stellen ihres Tagebuches queer äußert. Ob sie, wenn sie überlebt hätte, heterosexuell gelebt hätte, ist hier nicht entscheidend, sondern es geht darum, am Beispiel Anne Franks die normative binäre Teilung in heterosexuell und homosexuell (beziehungsweise bisexuell) zu kritisieren. Diese kurze Lektüre von queeren Themen in Anne Franks Tagebuch mag die Bedeutung von Queerness nicht so sehr als Identitätszuschreibung, denn als analytische Methode verdeutlichen.

Warum sind die queeren Aspekte in Anne Franks Tagebuch so wenig bekannt? Cheryl Hann weist darauf hin, dass Annes Bekanntheit auf ihrem Status als unschuldiges Opfer aufbaut. Jegliche Sexualisierung – und queere Sexualisierung gilt als besonders sexualisiert – würde dies bedrohen. Als Symbol der Unschuld aller Holocaustopfer muss Anne von ihrer sexuellen Autonomie distanziert werden, denn sonst würde diese die Unschuld kontaminieren.[87] Aber auch darüber hinaus war die Nachkriegsrezeption von Anne

86 Lebovic, Who was Anne Frank's Gay Uncle Walter? (Anm. 85).
87 Hann, »If only I had a girlfriend!« (Anm. 77), S. 8f.

Franks Queerness von Unbehagen geprägt. David Barnouw bemerkt, dass der erste niederländische Verleger des Tagebuches, Gilles Pieter de Neve, Erwähnungen von Annes Menstruation und auch den queeren Teil des Eintrags vom 6. Januar 1944 entfernte.[88] Das ist insofern sonderbar, als Contact ein fortschrittlicher neuer Verlag war, der vor dem Zweiten Weltkrieg Fritz Kahns progressiven Sexualratgeber *Unser Geschlechtsleben* publiziert hatte. Otto Frank, Annes Vater, sagten diese Änderungen nicht zu, wie er in einem Brief an die Übersetzerin des englischen Verlages zum Ausdruck brachte. »[D]ieses waren Passagen, die in der niederländischen Ausgabe nicht gedruckt wurden, denn sie waren entweder zu lang oder hätten die niederländischen puritanischen oder katholischen Sensibilitäten verletzen können.«[89] So erschien schließlich die Passage vom 6. Januar nur leicht gekürzt in den USA und Großbritannien durch die Veröffentlichung der englischen Ausgabe im Jahr 1952.

2017 publizierte der Anne Frank Fonds eine Adaption des Tagebuchs als Graphic Novel. Ediert durch den Regisseur Ari Folman und illustriert durch David Polonsky präsentiert die Graphic Novel das Tagebuch auf 149 Seiten. Alles darin basiert auf dem eigentlichen Tagebuch. Die Adaption nahm sich in ganzen zwei Seiten auch des Eintrags vom 6. Januar 1944 an.[90] Die Illustrationen zeichnen die Konversation nach, wie sich Anne an ihre Unterhaltung mit Jacqueline erinnerte. Die Bilder zeigen zwei Mädchen, von denen eine (Anne) die Pubertät erreicht hatte und die andere (Jacqueline) nicht: Jacqueline, die einen Teddybär umklam-

88 David Barnouw, *The Phenomenon Anne Frank*, Bloomington 2018, S. 20f.

89 Barnouw, The Phenomenon Anne Frank (Anm. 88), S. 21, siehe auch S. 27.

90 *Das Tagebuch der Anne Frank. Graphic Diary.* Umgesetzt von Ari Folman und David Polonsky, Frankfurt a. M. 2017, S. 92f.

mert, lehnt resolut Annes Vorschlag ab: »Sollen wir uns gegenseitig unsere Brüste zeigen?« In dem darauffolgenden Panel, das eine ganze Seite füllt, schreitet Anne durch eine Allee mit Wisterien und weiblichen römischen Statuen auf eine wartende Frauengestalt zu. Im Text heißt es: »Ich muss gestehen, ich gerate jedesmal in Ekstase, wenn ich eine nackte Frauengestalt sehe« und: »Hätte ich nur eine Freundin!« Aber das Auffälligste an der Illustration ist, dass die Statuen lebendig erscheinen. Sie stehen Wache, zeigen selbstbewusst ihre weiblichen Kurven, spielen mit dem »Gaze«, dem Blick, eines heranwachsenden queeren Mädchens. Die schönen nackten Göttinnen lachen der jungen Anne zu, die durch ihren Spalier auf ihre Freundin zugeht. Auf die gleiche Weise schließt das Buch – mit Anne, die auf eine Zukunft hinläuft, die sie nicht haben durfte.

Karl Marx' berühmte Bemerkung, dass sich Geschichte zweimal wiederholt, das erste Mal als Tragödie und das zweite Mal als Farce, trifft auch hier zu. Ab 2021 begann eine Kampagne einer Gruppe namens Moms for Liberty amerikanische Bibliotheken unter Druck zu setzen, LGBTIQ-Literatur für Kinder zu verbieten.[91] Die Buchverbote erregten Aufsehen, als eine Bibliothek in Tennessee Art Spiegelmans *Maus* verbot – das erste jüdische Buch, das verbannt wurde.[92] Anne Franks Tagebuch wurde auch zum Gegenstand der Verbote, aber sonderbarerweise nicht als Original, sondern ausschließlich als Folmans und Polonskys Graphic Novel. Während ich diese Zeilen schreibe, im Dezember 2023, wurde das Buch in zwei Orten Floridas verbannt. Drei Orte in Texas haben das Buch entweder kurzfristig verbo-

91 Elizabeth A Harris und Alexandra Alter, »With Rising Book Bans, Librarians Have Come Under Attack«, in: *New York Times*, 6. Juli 2022.

92 Interview der Autorin mit Andrew Lapin am 19. Oktober 2023.

Abb. 8: Seite 93 der Graphic Novel »Das Tagebuch der Anne Frank«, umgesetzt von Ari Folman und David Polonsky

ten, entließen die Lehrerin, die das Buch auf den Lehrplan setzte, oder schränkten den Zugang auf ältere Jahrgänge der Schule ein.[93] Im Landkreis Clay County in Florida gelang es einem jüdischen Vater, alle Kopien von Ari Folmans Adaption aus den Schulbibliotheken entfernen zu lassen, was bedeutet, dass das Buch für Kinder und Teenager vor dem Abitur nicht zugänglich ist.

Wie kamen die USA an den sonderbaren Punkt, wo das Tagebuch von Anne Frank, lange angesehen als die geeignete Holocaustliteratur für Kinder schlechthin, als unpassend angesehen wird? Gerade dank der queeren Passagen. Die populistische Rechte, die die Graphic Novel Adaption ablehnt, erinnert sich nicht daran, dass diese Passagen so in Anne Franks Original zu finden sind. Der Journalist Andrew Lapin, der die Verbote von Anne Franks Buch aufmerksam verfolgt, beobachtete: »Sie [die Populisten] nahmen an, es handele sich um ein Werk der linken Indoktrination. Sie haben sogar behauptet, das Bild von Anne Frank, wie sie durch den Statuengarten läuft, sei pornographisch.« Inzwischen ist es so, dass die queeren Passagen der Graphic Novel, und das ganze Buch an sich, zum Symbol für die Buchverbote geworden sind, für die Linke wie für die Rechte: »Viele Leute, die sich als links verstehen, sagen, schaut, das ist ein weiterer Beleg dafür, wie absurd die Buchverbote sind, sie verbieten sogar das Tagebuch von Anne Frank. Die Rechte wiederum behauptet, dass sei nur der Beweis, dass niemand mehr verstehe, worum es gehe: Das sei keine ›echte‹ Anne Frank,

93 Andrew Lapin, This Jewish dad got a version of Anne Frank's diary banned from his Florida school district, in: *JTA*, 6. Oktober 2023, https://www.jta.org/2023/10/06/united-states/this-jewish-dad-got-a-version-of-anne-franks-diary-removed-from-his-florida-school-district (letzter Zugriff am 31. Oktober 2023); E-Mail von Lapin an die Autorin, 16. November 2023.

vielmehr eine ›pervertierte‹ Fassung des Tagebuchs.«[94] Eines der Argumente für das Verbot von Anne Franks Graphic Novel lautet, dass die queeren Passagen von Anne Franks Tagebuch »nicht zu den Themen der Holocaustbildung beitrügen«, und man deswegen die Adaption entfernen lassen könne.[95]

Jacqueline van Maarsen, das Mädchen, zu dem sich Anne hingezogen fühlte, ist heute eine betagte Dame, die in Amsterdam lebt. Sie wurde erst durch ihre ermordete Freundin bekannt und schrieb fünf Bücher darüber. David Barnouw wies mich darauf hin, dass Jacqueline selbst den Eintrag vom 6. Januar erst in den 1990er-Jahren gelesen haben soll und »schockiert« war.[96] Erst in van Maarsens drittem Buch, *Ich heiße Anne, sagte sie, Anne Frank* (2003), geht sie auf die Zuneigung ihrer Freundin ein. An der mehr als eine Seite umfassenden Passage zu diesem Thema fällt vor allem auf, wie sehr sie bemüht ist, jegliche Bezeichnung der Beziehung als romantisch oder queer zu vermeiden.[97] Van Maarsen führt aus, dass Anne »überschwänglich« gewesen sei und dass sie Jacquelines Grenzen nicht beachtet habe. Der Versuch der gegenseitigen Berührung des Busens, der sie »sehr in Verlegenheit brachte« ist für van Maarsen ein Beleg ebendieser

94 Interview der Autorin mit Andrew Lapin.

95 Jon Shainmain, Anne Frank's Diary: The Graphic Adaptation removed from Vero Beach High School library, in: *West Palm Beach TV*, 5. April 2023, https://www.wptv.com/news/education/anne-franks-diary-the-graphic-adaptation-removed-from-vero-beach-high-school-library (letzter Zugrif am 28. Oktober 2023).

96 E-Mail von David Barnouw an die Autorin, 15.1.2021. Mit Dank an Barnouw für die Erlaubnis, aus unserer Korresponden zitieren zu dürfen.

97 Jacqueline van Maarsen, *Ich heiße Anne, sagte sie, Anne Frank* Frankfurt a.M. 2004, S. 125f. Mit Dank an Hubert Berkhout, der mir die relevanten Stellen zuschickte.

»exaltierenden Freundschaftsbeweise«.[98] Verlegenheit ist die Tonart, von der die ganze Passage getragen wird, und es wirkt etwas unbeholfen, wenn van Maarsen versucht, diese intime Geste mit Anne Franks vermutetem Interesse an ihrem Büstenhalter zu erklären. Sie beschließt die Passage mit einer Erklärung, wie es ihr taktvoll gelang, Anne mit dem Hinweis auf korrekte Freundschaften zufriedenzustellen. Ich komme nicht umhin, dieses erneute Verschweigen von Anne Franks Queerness durch genau die Person, der gegenüber sie ebendieses Verlangen zum Ausdruck brachte, als besondere Form epistemischer Ungerechtigkeit anzusehen, das heißt Ungerechtigkeit, die mit Wissen verbunden ist, mit Wissen, das exkludiert und ausradiert wird.[99] Jacqueline van Maarsen, deren Bedeutung als Zeugin durch den Bezug zu Anne Frank entstanden ist, verschwieg den queeren Aspekt ihrer Freundschaft und tat ihn als Taktlosigkeit und Ungezogenheit Annes ab, anstatt dies als Teil von Annes Persönlichkeit anzuerkennen, zu dem sie selbst keinen Zugang hatte.

Anne Franks Queerness ist zentral, damit wir die »echte« Anne Frank verstehen, und sie ist immens wichtig für Holocaustbildung im 21. Jahrhundert. Für die heutigen jungen Leser_innen sind queere Figuren wichtig – aber auch selbstverständlich, denn schließlich sind wir im Jahre 2024! Queerness ist etwas, was Anne Frank für sie ansprechend macht, es macht sie menschlich. Andrew Lapin argumentierte auch, dass es darüber hinaus der queere Aspekt ist, der nichtjüdischen Aktivist_innen für Bücherfreiheit einen neu-

98 van Maarsen, Ich heiße Anne, sagte sie, Anne Frank (Anm. 97).

99 Zur epistemischen Ungerechtigkeit siehe Hann, »If only I had a girlfriend!« (Anm. 77), S. 31-34, die aufbaut auf Miranda Fricker, *Epistemic Injustice. Power and the Politics of Knowing*, Oxford 2007. Siehe auch Anna Hájková: Den Holocaust queer erzählen, in: *Sexualitäten Jahrbuch* (2018), S. 86-110, hier S. 109f.

en Grund gibt, für Anne Frank einzustehen. Die Aktivist_innen setzen sich für sie ein, denn sie merken, dass Anne angegriffen wird wegen der allgemeinen Angst vor queeren Identitäten.[100] So betrachtet ist Anne Franks Tagebuch ein wunderbares Beispiel des queeren Kinship – zwischen der Vergangenheit und den Herausforderungen von heute.

Melania Weissenberg

Das Tagebuch der Melania Weissenberg/Molly Applebaum betont manche dieser Aspekte von Queerness in Tagebüchern von jüdischen Teenagern während des Holocaust. Sie überlebte und legte zusätzlich zu ihrem Tagebuch Zeugnis über die Geschehnisse ab.[101] Geboren im Oktober 1930 im polnischen Krakau als Melania Weissenberg, wuchs sie in einer assimilierten jüdischen Familie auf. Nach dem Krieg änderte sie in Kanada ihren Vornamen in Molly und trug nach ihrer Heirat schließlich den Nachnamen Applebaum. Im März 1942, elf Jahre und sechs Monate alt, begann Melania, Tagebuch zu schreiben. Der Holocaustforschung ist sie wegen der ambivalenten sexuellen Beziehung zu einem älteren polnischen Bauern, der sie versteckt hatte, bekannt.[102] Diese heterosexuelle Verbindung sollte unser Augenmerk allerdings nicht von Melanias früherer Verliebtheit in eine Frau ablenken.

100 Interview der Autorin mit Andrew Lapin.

101 Molly Applebaum, *Buried Words. The Diary of Molly Applebaum*, Toronto 2017. Ich möchte mich bei Dagmar Herzog bedanken, die mich auf die Existenz dieses Tagebuches hingewiesen hat.

102 Siehe unter anderem, Annette F. Timm, The Challenges of Including Sexual Violence and Transgressive Love in Historical Writing on World War II and the Holocaust, in: *Journal of the History of Sexuality*, 26, 3 (2017), S. 351-365, hier S. 358.

Abb. 9: Molly Applebaum (MW) Anfang der 1950er
© Familienarchiv

Weissenberg schrieb im Tagebuch über das Leben im Ghetto von Dąbrowa Tarnowska, wohin ihre Familie zog, und über ihre 20-jährige Freundin Sabina Goldman.[103] Diese war Angestellte der Jüdischen Sozialen Selbsthilfe. Melania verliebte sich in Sabina, und das Tagebuch ist voller Äußerungen wie dieser vom April 1942. Hierin benutzt Melania, wie es im Polnischen für geliebte Personen üblich ist, viele Verniedlichungen von Sabina, wie Bineczka oder Bineńka:

> Wenn Du nur wüsstest, Bineczka, wie sehr ich Dich liebe ... Oh, wenn Du nur wüsstest. Aber Du weißt es nicht und wirst es nie wissen. Denn Du würdest nicht glauben, dass es so eine Liebe gibt. Es heißt lesbische Liebe; das ist, wenn eine Frau eine andere liebt. Ich liebe Dich mit meinem ganzen, noch ganz reinem, kleinem Herz. Und ich leide. Und Du bist meine erste Liebe. Wie schade, dass ich Dir keine guten Beweise meiner Liebe geben kann! Daher müssen die, die ich geben kann, reichen. Wenn ich bloß etwas für Dich tun könnte ... Aber Du fragst mich nach nichts, denn Du glaubst nicht, dass ich zu etwas imstande wäre. Aber wisse, meine geliebte Bineńka, meine Liebe für Dich kann sehr viel zustande bringen. Du kannst immer auf mich zählen, egal, um was es geht.[104]

Dieser Tagebucheintrag liefert einige wichtige Perspektiven auf die Queerness jüdischer Heranwachsender während des Holocaust: Melania spricht ihre Liebe für Sabina klar aus und benennt sie auch als »lesbische Liebe«. Es ist bemer-

103 Jan Grabowski, Introduction, in: Molly Applebaum, *Buried Words. The Diary of Molly Applebaum*, Toronto 2017, S. xv-xxxi, hier S. xviii.

104 Applebaum, Buried Words (Anm. 101), Eintrag vom 13. April 1942, S. 4.

kenswert, dass die 11-jährige Melania den Ausdruck kannte. Gleichzeitig war sie sich schon bewusst, dass Sabina keine Vorstellung von lesbischer Liebe haben konnte, weil sie nicht in diesen Kategorien dachte und es ihr deswegen unmöglich war, ihre Zuneigung als eine romantische zu erkennen. Vielleicht hatte das damit zu tun, dass Melania aus der Großstadt Krakau kam und Sabina in einer Kleinstadt aufgewachsen war. Hatte Melania, wie die Bekannte Joan Nestles, vielleicht *Quell der Einsamkeit* auf Polnisch gelesen oder davon gehört? Wir können darüber nur spekulieren. Dazu kommt, dass Melania sich durchaus des Altersunterschieds bewusst war und sie sich hinsichtlich ihrer Freundin nicht als ebenbürtige Partnerin wahrnehmen konnte. Das ist angesichts der Verliebtheit einer 11-Jährigen zu einer 20-Jährigen nicht weiter erstaunlich. Es ist aber bemerkenswert, dass sich Melania keineswegs als machtlos sieht und durchaus ihre Agency formuliert. Dies korrespondiert im Übrigen mit den Erkenntnissen von Kindheitshistoriker_innen, die die Agency von Kindern herausarbeiteten.[105]

Sabina und Melania wurden im September 1942 getrennt, als Melania mit ihrer Cousine in ein Versteck auf dem Lande zog. Als im gleichen Monat deutsche Polizeieinheiten das Ghetto auflösten und die Insassen deportierten, versuchte Sabina zu fliehen, wurde jedoch von der polnischen Poli-

105 Mary Jo Maynes, Age as a Category of Historical Analysis. History, Agency, and Narratives of Childhood, in: *The Journal of the History of Childhood and Youth*, 1,1, (Winter 2008), S. 114-124; Johanna Sköld und Ingrid Söderlind, Agentic Subjects and Objects of Political Propaganda. Swedish Media Representations of Children in the Mobilization for Supporting Finland during World War II, in: *The Journal of the History of Childhood and Youth* 11, no. 1 (2018), S. 27-46; Mona Gleason, Avoiding the Agency Trap. Caveats for Historians of Children, Youth, and Education, in: *History of Education* 45, no. 4 (2016), S. 446-59. Mit Dank an Hannah J. Elizabeth für die Hinweise.

zei gefangen genommen und ins Vernichtungslager Bełżec deportiert, wo sie ermordet wurde.[106] Melania überlebte zwischen September 1942 und Januar 1944 im Versteck zusammen mit ihrer Cousine. Lange schrieb sie, wie sehr sie Sabina vermisste, »die Person, die ich auf der ganzen Welt am meisten liebe« – und erwähnte sie noch im Februar 1943.[107]

Unter den wenigen Sachen, die sie im Versteck aufbewahren konnte, waren Briefe und Fotos von Sabina, die eine schöne junge dunkelhaarige Frau mit ovalem Gesicht zeigen. Auf einem davon ist Sabina Goldman mit ihrer Schwester Mania zu sehen, auf der Rückseite findet sich die Widmung: »Für die herzliebste Melina, als Erinnerung Mancia.« Sabinas Widmung lautete: »Der geliebten Mela, Sabina G.«[108] Eigentlich plante Melania nach dem Krieg, ein Zimmer zum Gedenken an Sabina einzurichten, und fertigte sogar eine vorbereitende Zeichnung an.[109] Sie traf Sabinas Vater, der überlebt hatte. Er klagte, dass er keine Fotos seiner ermordeten Familie habe, Melania verriet ihm jedoch nicht, dass sie genau diese Fotos in ihrem Besitz hatte. Dutzende Jahre später erklärte sie in dem Erinnerungsbericht, den sie für ihre Kinder geschrieben hatte, wie wichtig die Bilder für sie in Vergangenheit und Gegenwart waren: »Und da war ich,

106 Applebaum, S. 11, Fn 13.

107 Applebaum, Buried Words (Anm. 101), Einträge zum 9. September 1942 und 28. September 1942 (die geliebteste Person), S. 8 und 11; 22. Februar 1943 (letzter Eintrag zu Sabina), S. 19.

108 Die Fotos liegen im United States Holocaust Memorial Museum, Melania Weissenberg Papers, Inventarnr. 2016.442.1, online zugänglich unter https://collections.ushmm.org/search/catalog/irn551471#?rsc=167746&cv=12&c=0&m=0&s=0&xywh=0%2C-43%2C1256%2C1076. (letzter Zugriff 24. Januar 2021). Mit Dank an Katarzyna Person und Maria von der Heydt.

109 Applebaum, Molly's Memoir, in: Applebaum, Buried words (Anm. 101) S. 43-117, hier S. 64.

Abb. 10: Sabina Goldman (rechts) mit ihrer Schwester Mania (links) © Azrielistiftung

hörte zu und nahm all das wahr, aber dennoch gab ich die Tatsache nicht preis, dass ich in meinem Besitz einige Bilder von Sabina und ihrer Schwester hatte. Ich kann mir nur denken, heute, dass ich Angst hatte, man hätte mich gefragt, sie abzugeben, und das Risiko wollte ich nicht auf mich nehmen. Ich habe die Bilder bis zum heutigen Tag.«[110]

Hier können wir wieder eine queere Form von Kinship erkennen, wenn Melania mehrfach Sabina als die ihr liebste Person auf der Welt bezeichnet, der Trennung von ihr nachtrauert und später ihren Tod beklagt. Noch deutlicher

110 Applebaum, Molly's Memoir, (Anm. 109). In den Erinnerungen beschreibt Applebaum Sabina als gute Freundin und schreibt darüber, wie gerne sie sie mochte und wie sie ihre Fotos behielt, thematisierte die Verliebtheit aber nicht. S. 54 und 63.

wird dies in dem Moment, in dem Melania die einzigen übrig gebliebenen Fotos ihrer ermordeten Freundin behält, anstatt ihren Besitz Sabinas Vater zu offenbaren. Indem sie die Fotos ihrer ermordeten Freundin verschwieg, behielt sie einen einzigartigen Besitz von Sabina und stellte sich über ihren Vater, den einzigen Überlebenden der Familie. Diese besitzergreifende Inanspruchnahme ist auch ein Merkmal von Kinship. Melanias Entscheidungen, Sabina als die ihr wichtigste Person zu bezeichnen, ihren Verlust zu betrauern und später die Bewahrerin der einzigen Bilddokumente, die an sie erinnern, zu bleiben, sind wichtige Ausdrucksmomente ihrer Agency.

1948 wanderte Melania nach Kanada aus und heiratete zwei Jahre später einen polnischen Überlebenden. Die Ehe war nicht einfach, Mollys Mann wurde oftmals ausfällig.[111] Sabinas Widmung auf dem Foto ist auf der Website des United States Holocaust Museum einsehbar. Sabina wird dort jedoch fälschlicherweise als Melanias Cousine bezeichnet, ihre queere Liebe somit ausgeblendet. Melanias Tagebuch erschien 2018 in einer liebevollen Edition der kanadischen Azrieli-Stiftung. Die detaillierte Einleitung von Jan Grabowski, einem Holocaustexperten für das okkupierte Polen, deutet die queeren Themen des Tagebuches nur an, geht auf sie aber nicht ein.[112] Die bekannte Holocaustforscherin Sara Horowitz erwähnte zwar Melanias Verliebtheit in Sabina, kontextualisierte sie aber lediglich als »polysemous eroticism of adolescence«, ohne das queere Thema weiter zu untersuchen.[113]

111 Applebaum, Molly's Memoir (Anm. 109), S. 111-113.

112 Grabowski, Introduction (Anm. 103), S. xxiii. Die von Stephanie Corazza herausgegebene Sondernummer der Zeitschrift *Holocaust Studies* zu Applebaums Tagebuch »Buried Words: Sexuality, Violence and Holocaust Testimonies« thematisiert die queeren Aspekte nicht.

113 Sara Horowitz, What We Learn, at Last. Recounting Sexuality in Women's Deferred Autobiographies and Testimonies, in:

Melanias Versprechen für Sabina aus dem April 1942, »meine Liebe für Dich kann sehr viel zustande bringen«, bewahrheitete sich. Die Ermordung Sabina Goldmans liegt 82 Jahren zurück, sie wäre unter normalen Umständen vergessen: Aber dank Melania lebt sie weiter auf den Seiten ihres Tagebuchs und wir haben ihr Gesicht dank der geretteten Fotos vor Augen. Wir wissen dank Molly, dass Sabina bis zum Ende gegen die Nazis kämpfte.

Jiří Vrba

Die Geschichte von Jiří Vrba ist im Kontext dieses Buches eine dreifach besondere: seine ist die einzige tschechische Geschichte. Er war, Jahrgang 1924, zweitens etwas älter als die anderen hier beschriebenen Protagonisten, war allerdings in Theresienstadt ebenfalls in einem Jugendheim untergebracht. Schließlich lebte er sein Leben als selbstbestimmter schwuler Mann – vielleicht nicht in der Form, in der wir uns heute ein queeres Leben vorstellen, aber gemessen am Kontext der Zeit war Vrbas Weigerung, seine Homosexualität zu verstecken, bemerkenswert.

Auch wenn wir recht viel über Vrbas Leben wissen – es gibt einen Nachlass mit Erinnerungen seiner Freunde und Wegbegleiter –, steht mir als Historikerin kein Selbstzeugnis zur Verfügung, in dem er über seine Sexualität sprechen würde.[114] Somit steht Vrba im Kontrast zu den anderen vier Pro-

The Palgrave Handbook of Holocaust Literature and Culture, hg. von Victoria Aarons und Phyllis Lassner, Cham 2020, S. 45-66, hier S. 56. Horowitz erwähnt, dass man gewisse Passagen des Tagebuch so lesen könne, dass sich Molly auch zu Helena hingezogen fühlte.

114 Die Protokolle seiner Gespräche mit der StB sind m.E. als Selbstzeugnis problematisch. Siehe auch Prokop Tomek, Svazek

Abb. 11: Jiří Vrba, 1946; Archiv der Autorin

tagonisten dieses Buches, die alle Zeugnisse hinterließen, in denen sie sich mit der queeren Erfahrung auseinandersetzen. Ich nehme diese Lücke als Herausforderung an und zeige, was wir wissen und worüber wir nur spekulieren können – als eine methodische Spielübung der queeren Geschichte.

Jiří Vrba war vieles in den 69 Jahren seines Lebens: Jude und Holocaustüberlebender, schwuler Mann, Kommunist, Kulturschaffender und Organisator kulturellen Austausches. Er war auch 45 Jahre lang Mitarbeiter des tschechischen Geheimdienstes (StB). In einem tschechischen Kontext ist dies eine Information, die einigen Sprengstoff in sich trägt. Ich will nicht, dass manche Leser_innen diese Information nut-

StB jako historický pramen, in: *Soudobé dějiny* 12,1 (2005), S. 208-214, hier S. 210.

zen, um jüdische oder queere Geschichte zu delegitimieren. Aber es ist kein Grund für mich, Vrbas Geschichte nicht zu erzählen oder die Tatsache, dass er ein StB-Informant war, zu unterschlagen. Ich erzähle die ganze Geschichte, in der Vrbas Zusammenarbeit mit dem StB einer der vielen Aspekte dieses faszinierenden Mannes war.

Auf seine Geschichte stieß ich 2010, als ich für meine Dissertation forschte und anfing, mir Gedanken über die fehlenden Zeugnisse zu transgressiver Sexualität zu machen. Ich bat die damalige Archivarin der Sammlung der Oral Histories der Überlebenden im Prager Jüdischen Museum, Hermína Neuner, dass sie mir aus der Sammlung alle Eintragungen des Schlagwortes »Homosexualität« zuschickt. Eines Tages, als ich schon längst am Thema der queeren Holocaustgeschichte forschte, erinnerte ich mich an diese Sammlung, ging alle Interviews durch – und in der Oral History eines 1926 geborenen Jungen aus Brno hieß es: »Ich lernte viel, ich las viel, ich hatte tolle Freunde, einer von ihnen war der inzwischen verstorbene Jirka Vrba, der, außer dass er homosexuell war, ein Mensch war, der viel las, viel wusste, und so habe ich von ihm viel gelernt.«[115]

Ich schaute nach und stellte fest, dass Vrba einer der Gründer der Theresienstädter Initiative, des Verbandes der tschechischen Holocaustüberlebenden, war und nach 1989 der Spiritus Rector der Gedenkfeiern des Theresienstädter Kulturlebens. Der Direktor des Jüdischen Museums, Leo Pavlát, widmete Vrba einen schönen Beitrag im Radio.[116] Jana Šplíchalová, eine weitere Freundin aus dem Jüdischen Museum, informierte mich, dass es ein Konvolut zu Vrba

115 Interview mit einem 1926 geborenen Mann, 5. Februar 2007, AJMP, The Oral History Collection, Interview Nr. 1089.

116 Leo Pavlát, Propagátor české židovské kultury Jiří Vrba, 15.6.2014, in: *Český rozhlas*, https://temata.rozhlas.cz/propagator-ceske-zidovske-kultury-jiri-vrba-7995227.

gebe. Ich wunderte mich: Wieso hatte ich erst 2018 zum ersten Mal von Vrba gehört, zu einem Zeitpunkt, als ich ein Buchmanuskript über Theresienstadt abgeschlossen habe – wo er doch offenbar zu seiner Zeit die große Triebkraft von allem war, was mit Theresienstadt zu tun hatte? Die Antwort liegt, glaube ich, in der Vielfalt seiner Person, den mitunter schwierigen Wesensmerkmalen vor allem für Menschen seiner Zeit: er war Jude, schwul und er arbeitete für die StB. Nachdem Vrba 1993 gestorben war, war er fast komplett vergessen, denn im tschechischen Kontext gehörte er einer unerwünschten Vergangenheit an.

Die Vrbas waren eine bürgerliche Prager Familie. Der Vater, Adolf Vrba, kam aus Kutná Hora und arbeitete als Goldschmied. Er soll die Neigung gehabt haben, ein Hochstapler zu sein. Die Mutter, Marta, geborene Herrmannová, war Pragerin und eine »jüdische Mutti«.[117] Jiří war das jüngste Kind, er hatte einen Bruder, Karel, geboren 1918, und eine drei Jahre darauf geborene Schwester namens Eva. Zu Hause sprachen die Vrbas Tschechisch. Nach der in Smíchov verbrachten Jugendzeit zog die Familie ins Zentrum, in die Vodičkova. Jiří besuchte das englische Realgymnasium, das er aber 1939 als Jude verlassen musste, woraufhin er eine Lehre als Goldschmied machte. Im gleichen Jahr konnte Eva mit einem Kindertransport nach England emigrieren.[118]

Im Dezember 1941 wurde die Familie Vrba mit einem der ersten Transporte nach Theresienstadt deportiert. Hier wurde der Vater der Kasernenälteste der Hohenelber Kaserne, dem Krankenhaus und später in der Kavalierkaserne nebenan, wo geistig kranke Menschen untergebracht waren.[119]

117 Beide Erinnerungen von Eva Kominíková, einseitige Notiz, Nachlass Vrba, AŽMP.

118 Oral History Eva Krušinová, Visual History Archive, 26.2.1996, #11399.

119 Siehe Hájková, The Last Ghetto (Anm. 26), Kapitel 4.

Karel arbeitete als Krankenpfleger, was die Mutter machte, wissen wir nicht. Jiří, der damals 17 Jahre alt war, kam in das Jugendheim Q710, wo er die zweieinhalb Jahre seiner Zeit in Theresienstadt bleiben sollte.[120] In diesem Haus wohnte im Erdgeschoss auch Fredy Hirsch, der beliebte schwule Co-Leiter der Jugendfürsorge.[121] Vrba arbeitete weiter als Goldschmied für eine der Zwangsarbeitstellen der SS, in der Bijouteriewerkstatt, wo die Arbeiter nach dem Modell Anhänger aus Silber herstellen mussten.[122] 1942 wurden alle Menschen in dieser Werkstatt für drei Tage verhaftet, weil die SS sie des Betrugs im Umgang mit Silber verdächtigte; anscheinend lag die Schuld aber bei einem deutschen Bewacher.[123] Später war Vrba für den Bau der Südbaracken im Bauschowitzer Kessel zugeteilt.

In Theresienstadt hatte Vrba eine einzige romantische Beziehung, und zwar mit einem Mädchen, Eva Kominíková, die zwei Jahre jünger war und ebenfalls in Smíchov zur Welt kam. Eva arbeitete in der Lautschárna, einer Werkstatt neben der Bijouterie, dort lernte sie Jiří kennen. Eva gefiel der gut aussehende, kraushaarige 18-jährige, aber was sie besonders beeindruckte, war, wie gebildet und belesen er war. An Silvester 1942, als Jiřís Zimmer eine kleine Feier veranstaltete, kam Eva mit einigen Mädchen zu Besuch, und die beiden wurden ein Paar. Jiří trieb viele der begehrten Theaterkarten auf, und zusammen mit Eva besuchte er die heute berühm-

120 Heute lautet die Adresse Pražská 103.

121 Siehe Ondřichová, Příběh Fredyho Hirsche. Die Geschichte von Jan Mautner und Fredy Hirsch: Jung, schwul – und von den Nazis ermordet, in: *Tagesspiegel*, 31. August 2018; sowie das erste Kapitel dieses Buches.

122 Erinnerung Jiří Vrba, APT, Vzpomínky, 2238, aufgenommen am 3. Oktober 1988.

123 Eva Kominíková-Gottwaldová, Jak vzpomínám na Jirku Vrbu, 27.2.1995, Nachlass Vrba, AJMP.

ten Aufführungen: *Verkaufte Braut*, Verdis *Requiem* oder Karel Švenks *Dasselbe in Grün*. Vrba begann auch, selbst Aufführungen zu organisieren, im Frühjahr 1942 bereitete er für Kinder im Krankenhaus eine Vorstellung von *Ester* vor, zusammen mit Páťa Fischel, der Regie führte.[124] Als im Juni 1942 ein falsches Gerücht in Theresienstadt umging, die Nazis hätten den kommunistischen Dichter Vítězslav Nezval ermordet, organisierte Vrba einen Abend über diesen.[125] Mit Kominíková machte Vrba in Theresienstadt als 18-jähriger auch seine ersten sexuellen Erfahrungen.[126]

Vrba wurde in Theresienstadt zudem Mitglied der geheimen Kommunistischen Organisation.[127] Schon in den 1930ern war er tief von seinem Onkel Richard Kraus beeinflusst, einem Ingenieur, der in Berlin als Sänger aktiv war und später nach Spanien als Interbrigadist ging.[128] Kraus wurde 1941 wegen des Anbringens kommunistischer Plakate verhaftet, in Dachau und Buchenwald inhaftiert und schließlich 1942 im Zuge der Aktion 14f13 vergast.[129] Nach

124 Erinnerung Jiří Vrba, APT.

125 Kominíková-Gottwaldová, Jak vzpomínám na Jirku Vrbu; Vrbas handschriftliche Programm-Notiz, Nachlass Vrba, AJMP.

126 Anamnestický dotazník, ohne Datum (1980) und Psychologické vyšetření, fond Hlavní správa rozvědky SNB – svazky (I. S): reg. č. 12484/306 I. S*, Archiv bezpečnostních složek (ABS).

127 Erinnerung Jiří Vrba, APT; Kárný, Částečný seznam soudruhů a soudružek, kteří v letech 1941-1945 pracovali v ilegální organizaci KSČ v terezínském koncentračním táboře, in Kárný, Komunistická organizace v terezínském koncentračním táboře 1941– 1945 (manuskript, 1983), Národní archiv, Kárných, ka 16, 7– 10. Siehe auch Hájková, The Last Ghetto (Anm. 26), S. 77.

128 Anamnestický dotazník, ohne Datum (1980). Richard Kraus (1887-1942) war ein Cousin von Adolf Vrba, Jiřís Vater. Richards Schwester Klara war die Mutter von Otto Šling.

129 Kraus' Dokumente in Arolsen Archives. Jaroslav Želivský (= Jaroslav Hošek), Seznam všech interbrigadistů, NA Prague, SPB, 2209.

dem Krieg sollte für Vrba seine Freundschaft mit einem weiteren linken Cousin verhängnisvoll sein, Kraus' Neffen Otto Šling. Vrba erinnerte sich an die strenge Geheimhaltung, der die illegale Parteiarbeit unterlag. Seine Zellenmitglieder waren Jiří Kosta und Zdeněk Kárný, der jüngere Bruder des späteren Theresienstadt-Historikers Miroslav. Zdeněk wurde in Auschwitz ermordet.[130] 1988 erinnerte sich Vrba an seine illegale kommunistische Parteiarbeit wie folgt: »Es gab ein ausgeprägtes illegales politisches Leben. [...] 1942 trat ich der Tschechoslowakischen Kommunistischen Partei in Theresienstadt bei. Ich erinnere mich, wie schnell wir reagierten, als ein Gerücht die Runde machte, dass [der Dichter] Nezval hingerichtet worden wäre. Wir beschlossen, eine Kulturveranstaltung aus seinem Werk vorzubereiten. Wir haben dazu sowohl Monologe als auch Dialoge, begleitet von Liedern, ausgewählt.«[131]

Im Mai 1944 wurden die Vrbas nach Auschwitz deportiert, mit dem letzten der drei Mai-Transporte in das Theresienstädter Familienlager in Auschwitz-Birkenau[132] – mit der gleichen Transportwelle im Mai 1944 wurde auch Margot Heumanns Familie deportiert. Im September 1943 konnte Fredy Hirsch eine Kinderfürsorge in zuerst einer, später in zwei Baracken organisieren. Vrba wurde einer der Betreuer – eine seiner Kolleginnen war Margot. Die Begegnung mit den Kindern hier, die in Theresienstadt noch verhältnismäßig gut versorgt waren, erschütterte Vrba: »Unsere Begegnung mit ihnen war grausam, sie sahen fürchterlich aus, fanden wir, und wir wurden uns bewusst, was auf uns wartet.«[133]

130 Erinnerung Jiří Vrba, APT; siehe auch Kosta, *Nie Aufgegeben. Ein Leben zwischen Bangen und Hoffen*, Berlin 2001.

131 Erinnerung Jiří Vrba, APT.

132 Adam Drda, *Zvláštní zacházení: Rodinný tábor terezínských Židů v Auschwitz II. – Birkenau*, Prag 2014.

133 Erinnerung Jiří Vrba, APT.

Anfang Juli 1944 lösten die Nazis das Familienlager auf,[134] alle Mitglieder der Familie Vrba bestanden die Selektion. Die Mutter wurde ins Frauenlager geschickt und von hier weiter nach Stutthof. Nach einigen Tagen im Männerlager in Birkenau kam Jiří mit seinem Bruder und Vater zur Zwangsarbeit nach Blechhammer, dem zweitgrößten Außenlager von Auschwitz.[135] Die Häftlinge mussten hier Zwangsarbeit bei der Herstellung von synthetischem Benzin leisten und zudem zweimal am Tag die 5 Kilometer zwischen dem Lager und der Fabrik zu Fuß zurücklegen.

Entweder im Männerlager Auschwitz oder in Blechhammer machte Vrba seine erste queere Erfahrung. 2018 erzählte mir Vrbas Partner, wie der damals 20-jährige Jiří auf seiner Pritsche einen französischen Häftling kennen- und lieben lernte. Die beiden waren so entkräftet, dass sie nicht mehr als miteinander schmusen konnten. Irgendwann wurden die beiden getrennt, als Vrba weitergeschickt wurde. Auch wenn der Geliebte außer Französisch keiner anderen Sprache mächtig war, und Vrba selbst wiederum kein Französisch sprach, so konnte der Franzose ihm doch mitteilen, dass, sollte Vrba überleben, er in Paris, in der Avenue de Wagram, nach ihm suchen sollte.[136]

Vrba hatte das große Glück, auch den Todesmarsch im Januar 1945 nach Buchenwald, auf den die Deutschen ihn schickten, zu überleben. Auch Jiřís Bruder überlebte, aber der Vater gehörte zu der großen Mehrheit, die entweder unterwegs oder kurz nach dem Marsch starben. In

134 Siehe den Abschnitt zu Margot Heuman in diesem Buch.

135 Zu den Schicksalen dieses Transports siehe u.a. Jindřich Flusser, *Život na úvěr*, Prag 2019. 57-162. Zu Blechhammer siehe Franciszek Piper, Blechhammer, in: *USHMM Encyclopedia*, vol. 1 A, S. 227f.

136 Interview mit Miroslav Spořitel (Pseudonym), 16. November 2018.

Buchenwald hatte Jiří nochmals Glück, als er zum Blockschreiber im Kinderblock Nr. 66 ernannt wurde. Hier war der Kapo der bekannte tschechische Kommunist Antonín Kalina.[137] Nach der Befreiung führte Vrbas erster Weg ihn tatsächlich nach Paris.[138] Hier stellte er fest, dass die Avenue de Wagram eine der elf majestätischen, von Haussmann entworfenen Boulevards ist, die vom Arc de Triomphe abgehen. Im April 2019 war ich als Gastprofessorin in Paris, besuchte die Avenue de Wagram und betrachtete ihre mehrstöckigen Häuser. Hier lief im Frühsommer 1945 der Überlebende Jiří Vrba entlang und suchte nach seinem Geliebten – ohne Erfolg. Aber er kehrte nach Prag zurück als selbstbestimmter, schwuler Mann.

Der Neuanfang in Prag war schwierig. Die Mutter gehörte zu denjenigen Stutthofer Häftlingen, die die Deutschen im Februar 1945 nach der Lagerräumung in Palmnicken ermordeten.[139] In der Wohnung in Vodičkova wohnten fremde Leute, und die Nachbarn, denen die Eltern Erinnerungsgegenstände zum Aufbewahren gaben, wollten diese nicht zurückgeben.[140] Seine Schwester kehrte im August 1945

137 Robert Y. Büchler, Kinderblock 66 im KL Buchenwald, in: Archiv der Gedenkstätte Buchenwald, 31/666, S. 7 Der Text ist Büchlers eigene Übersetzung eines seiner Aufsätze, aus dem Original im Hebräischen.

138 Für diese Geschichte haben wir nur Spořitels Wort. Ich habe Vrbas Unterlagen in Brno, seinem ersten tschechischenWohnsitz nach der Rückkehr, überprüft. Seine Meldeunterlagen besagen als Ankunft den 11. Juli 1945, als seine letzte Adresse gab er Buchenwald an. Dieses Datum schließt zwar eine Reise nach Paris nicht aus, aber viele tschechische Buchenwaldüberlebende kehrten erst Mitte Juli 1945 zurück. Vrbas polizeiliche Meldeakte, Z 1 – Sbírka pobytové evidence občanů, Brno (1909, 1918-1953), Nová evidence; Stadtarchiv Brno, mit Dank an Hana Skopalová.

139 Erinnerung Jiří Vrba, APT.

140 Adelheid und Gerhard Frey Reininghaus, Schritte auf unserem Weg mit Jiří Vrba, Nachlass Vrba, AŽMP.

aus England zurück. Sie erinnerte sich, dass, als sie noch aus England einen der Brüder fragte, was sie mitbringen solle, dieser antwortete, dass er außer der Zahnbürste alles brauche.[141]

Jiří machte fortan Karriere in dem Tschechoslowakischen Jugendverband (Svaz mládeže) in Brno und später in dessen Zentralkomitee in Prag. 1952 wurde er während der Slánský-Prozesse entlassen.[142] Ob dies passierte, weil er Jude war, ob dabei seine Verwandtschaft mit Otto Šling eine Rolle spielte oder ob Vrba sowieso den Säuberungen der Slánský-Prozesse zum Opfer gefallen wäre – das wissen wir nicht genau. Vrba selbst glaubte, dass seine Beziehung zu Šling ausschlaggebend war, der zwar ein entfernter Verwandter war, aber einer, mit dem er befreundet war. Ab 1953 arbeitete Vrba drei Jahre lang in einer Fabrik als Arbeiter, 1956 gelang es ihm, im Theater in Karlovy Vary Fuß zu fassen. 1958 war er dann dabei, als das beliebte Prager Theater Semafor entstand, das er bis 1963 als Direktor leiten sollte.[143] Hierher brachte er auch seine Nichte Zuzana, die einige Stücke und Lieder spielte, unter anderem den Klassiker *Sluníčko*.[144]

Vrba hatte einige Partner. Seine Nichte Zuzana erinnert sich daran, dass Jiří öfters bei ihren Eltern in Prag übernachtete und mitunter einen Freund mitbrachte. 1965 arbeitete Vrba in Ostrava als Regisseur im Theater und lernte den 17 Jahre jüngeren Schauspieler Miroslav Spořitel kennen. Dieser war Vater eines Sohnes und nach einer kurzen Ehe geschieden; schon als er heiratete, wusste Spořitel, dass er schwul war. Vrbas und Spořitels Beziehung hielt bis zu Vrbas Tod. Vrba verteidigte seinen Partner gegenüber seiner Nichte: »Jaroslav war bei uns jeden Tag und mir war es zuwider. Ich

141 Oral History Eva Krušinová, VHA.
142 Lebenslauf Vrba.
143 Jiří Suchý, V Semaforu, Nachlass Vrba, AŽMP.
144 Interview mit Zuzana Lejčarová, 26. Juli 2022.

wusste nicht, warum er bei uns jeden Tag rumhängt, denn damals wohnte Jirka bei uns, und ich war unausstehlich …. Er ist wieder hier? Und was jetzt, was macht er hier ständig? … Mein Onkel nahm mich zur Seite und sagte mir in hartem Ton: Solange ich hier bin, wird hier auch Miroslav sein.«[145]

Sowohl Zuzana als auch ihr Cousin berichteten mir, dass Vrbas Homosexualität in der Familie nie Gegenstand einer Diskussion war. Die jungen Leute brauchten Zeit, bis sie begriffen, dass ihr Onkel schwul war. Vrba brachte Spořitel zu den Familientreffen, zuerst zu seinem Bruder, mit dem er eine enge Verbindung hatte, später auch zu seiner Schwester, der anscheinend der queere Bruder Unbehagen bereitete.[146] Nach einigen Jahren wurde Spořitel akzeptiert, und die beiden waren einfach eines der Paare, das bei Familienfeiern Zärtlichkeiten wie »mein Schatz« austauschte.[147] Vrba ließ auch Freunde wissen, dass er mit einem Mann zusammenlebte. Er bekannte sich zu ihm auch offen gegenüber der tschechoslowakischen Geheimpolizei.

Denn, und das ist der schwierigste Aspekt seiner Biografie, Vrba war Mitarbeiter der Geheimpolizei. Er wurde offenbar 1954 für eine Operation gegen Homosexuelle angeworben, nachdem er ein Jahr zuvor aus diesem Grund verhaftet worden war.[148] Die Strafbarkeit von Homosexualität in Tschechien endete 1961,[149] aber während der ganzen Zeit des Sozialismus war Queerness ein Risiko, das die Menschen auch erpressbar machte. Dies war auch ein Grund, weswe-

145 Interview mit Zuzana Lejčarová, 26. Juli 2022.

146 Interview mit Zuzana Lejčarová, 26. Juli 2022.

147 Interview anonym (Vrbas Neffe), 27. Juli 2022.

148 Souhrn, fond Hlavní správa rozvědky SNB – svazky (I. S): reg. č. 12484/306 I. S*, ABS.

149 Jan Seidl a kolektiv, Od žaláře k oltáři. Emancipace homosexuality v českých zemích od roku 1867 do současnosti, Brno 2012, S. 273-295.

gen manche schwule Männer der Zusammenarbeit mit der Geheimpolizei zustimmten.[150]

Vrba war auch nicht der einzige tschechische Holocaustüberlebende, der als Mitarbeiter für die StB wirkte. Das war zum Beispiel auch der Fall bei einem der Leiter der Kommunistischen Partei in Theresienstadt und späterem Historiker, Miroslav Kárný. Auch dessen Kollege Toman Brod arbeitete sechs Jahre als Informant für die Geheimpolizei.[151] Sowohl Kárný als auch Brod verzieh man dies – heute werden sie zurecht geschätzt und gefeiert. Was sie von Vrba unterscheidet ist erstens die Länge von Vrbas Mitarbeit als IM und zweitens seine Homosexualität. Vrba arbeitete für die StB mit Unterbrechungen während der gesamten Zeit des sozialistischen Regimes, auch nachdem er 1969 wegen Passivität aus der KP ausgeschlossen worden war. Er bespitzelte Freunde wie die Altkommunistin Marie Švermová und deren Tochter sowie seinen Schwiegersohn Jiřina und Bedřich Kopold.[152] Er war bereit, linke tschechische Intellektuelle, die ins Ausland gingen, auszuspionieren.[153]

150 Interview mit Zdeněk Potužil, https://www.pametnaroda.cz/cs/potuzil-zdenek-20160629-0; Interview mit František Bloudek, https://www.pametnaroda.cz/cs/bloudek-frantisek-1947; Dokumentarfilm »Člověk byl snadno vydíratelný«, dir. Radim Špaček, 2017, Paměť Národa.

151 Kárný: Jan Tesař, *Miroslav Kárný. Studie o vlivu ideologie a politické moci na jedince v letech 1919-1974*, Bachelor thesis, Karlsuniversität 2010; Peter Hallama, »A Great Civic and Scientific Duty of Our Historiography«. Czech Historians and the Holocaust in the 1970s and 1980s, in: *Growing in the Shadow of Antifascism. Remembering the Holocaust in State-Socialist Eastern Europe*, hg. von Kata Bohus, Peter Hallama und Stephan Stach, Budapest 2022, S. 39-62; Interview von Toman Brod für Paměť Národa, ohne Datum, https://www.pametnaroda.cz/cs/brod-toman-20140221-0.

152 Interview mit Beruna Kopoldová, 25. Juli 2022.

153 Die StB plante, Vrba nach Schweden zu schicken, um Zdeněk

Weswegen arbeitete Vrba für die Geheimpolizei? Wir werden es letzten Endes nicht genau aufklären können. Ich glaube, dass Vrba Zuträger war, weil er gläubiger Kommunist blieb. Seine Umgebung ließ er glauben, er wäre ein Kritiker des kommunistischen Regimes, vor und nach 1989.[154] Doch gegenüber der StB und, wichtiger, gegenüber seinem Partner machte er deutlich, dass er Kommunist war – und es auch nach 1989 blieb. Dieses »höhere moralische Prinzip« war für ihn wohl der Grund für die Zusammenarbeit, auch wenn sie Aufenthalte im Ausland, getrennt von seinem geliebten Partner, bedeutet hatten.[155] Vrba hatte mehrere Möglichkeiten, nach 1968 zu emigrieren, er wirkte sogar ein Jahr im westdeutschen Trier. Hier wurde er von einem Neonazi angegriffen und fast zum Tode geschlagen. Den Gedanken, »draußen zu bleiben«, konnte Vrba nicht ertragen.[156]

Vrba war auch ein machtbewusster Mann. Wir wissen aus der Erinnerung von Miloš Povondra, der im Frühjahr 1945 aus Ohrdruf nach Buchenwald kam, dass er Vrba als einen unerbittlichen Blockältesten in der Judenbaracke erlebte.[157] Vrbas Karriere als Theaterregisseur entwickelte sich nicht so, wie er sich gewünscht hätte – er arbeitete an regionalen Bühnen, 1978 wurde er in Olomouc entlassen. Die Zusammenarbeit mit der StB gab ihm die Möglichkeit, Einfluss zu haben.[158] Gleichzeitig war Angst aber ebenfalls ein wichtiger

Hejzlar zu überwachen, aber es kam nicht dazu. Věc: návrh pro uložení podsvazku, gezeichnet, Čeřil, 11. června 1985, Hlavní správa rozvědky SNB – svazky (I. S): reg. č. 12484/306 I. S*, (ABS).

154 Reininghaus, Karin Meyer, Milan Schulz, Kopoldová.

155 Memorandum, 22. Juli 1981, Hlavní správa rozvědky SNB – svazky (I. S): reg. č. 12484/306 I. S*, (ABS).

156 Interview mit Miroslav Spořitel.

157 Miloš Bondy (Povondra), Co odvál dým, 193, 196.

158 Benjamin Frommer, *National cleansing: Retribution against*

Faktor für die Zusammenarbeit. Vrba war sich bewusst, was für ein Glück er hatte, dass er, anders als Šling, nicht Opfer der stalinistischen Prozesse geworden war. Auch wenn er für einen Mann seiner Zeit ein relativ offenes Leben führte, ist es wohl richtig anzunehmen, dass seine Erfahrungen mit der Polizei, als Homosexualität noch strafbar war, durchaus Spuren hinterlassen hatten.[159]

Kurz vor der Wende begann Vrba sich für die Aufarbeitung der Geschichte von Theresienstadt zu interessieren. Er gab der Oral History Sammlung der Gedenkstätte Theresienstadt ein Interview und freundete sich mit Jiří Lauscher an.[160] Wenn man betrachtet, was Vrba dann ab 1989 in den vier Jahren bis zu seinem Tod alles gelungen ist, blickt man fast ungläubig darauf. Er war einer der Begründer der Terezínská Inicitiava, der Vereinigung der tschechischen Holocaustüberlebenden. Er kümmerte sich um den Austausch mit Israel, hatte eine leitende Stellung bei Pragokoncert, und es ist ihm zu verdanken, dass man begann, die Erinnerung an das Theresienstädter Kulturleben, vor allem Brundibár, hochzuhalten und dem Ganzen feierlich zu gedenken. Auf den Publizisten (und meinen guten Freund) Martin Šmok, damals einen junger Mann, machte er einen tiefen Eindruck: »Ganz bestimmt hatte er keine Angst, Themen zu diskutieren, vor denen sich andere fürchteten. Die Leute, die sich darüber wichtig machten, dass sie den Holocaust überleb-

Nazi collaborators in postwar Czechoslovakia, Cambridge 2005; Sheila Fitzpatrick, Signals from below: Soviet letters of denunciation of the 1930s, in: *The Journal of Modern History* 68.4 (1996), S. 831-866.

159 Mit Dank an Adam Drda für diese Einschätzung. Die Informationen zu der Familie und Umgebung, Interview anonym (Vrbas Neffe), 27. Juli 2022.

160 Vrba APT, Michaela Vidláková, Štafetový běžec, 1994, Nachlass Vrba, AJMP.

ten, hielten sich fern von ihm. Er war anders, ganz bestimmt, und damit meine ich nicht seine Orientierung.«[161]

Vrba starb am 25. Dezember 1993. Er erlitt einen Infarkt und kam ins Krankenhaus, wo ihn Spořitel besuchte. Vrba, der wusste, dass er nicht zurückkommen würde, versuchte, die Hand seines Partners zu halten, aber Spořitel schämte sich vor den Ärzten und schob Vrbas Hand weg. Am nächsten Tag war Vrba tot. Ob sein recht früher Tod an der Zeit in den Lagern lag oder sein hektisches und bewegtes Leben vor allem in den letzten vier Jahren dazu führte – auch das werden wir nicht aufklären können.

Was am Ende von Vrba bleibt, ist, dass er ein faszinierender, ambivalenter Mann war, der die Grundlagen für vieles schuf, was wir heute von Theresienstadt, der tschechischen jüdischen Geschichte und der tschechischen Kultur wissen. Er lebte ein relativ offenes queeres Leben: Leute um ihn herum wussten, dass er schwul war, und lernten seinen Partner kennen. Dank seines Beharrens akzeptierten auch seine Verwandten Spořitel als seinen Mann. Spořitel wurde auch in der Traueranzeige als einer der trauernden Hinterbliebenen aufgeführt.[162] Vrba mag nicht die heldenhafte Figur der queeren Geschichte sein, wie sich manche es wünschen. Aber wenn ich über sein Leben, Schaffen und schließlich Vergessen nachdenke, merke ich, dass er vielfach ein Wegweiser für queere Holocaustgeschichte war, mit ihren Brüchen, Ambivalenzen und Widersprüchen.

161 Martin Šmok an die Autorin, 5. September 2022.

162 Parte Vrba, Nachlass Vrba, AŽMP.

Es gibt drei Motive in den Biografien, die wir gerade näher betrachtet haben: das Thema der Identität, das der ausradierten Geschichte und das einer queeren Form von Kinship. Keiner der hier untersuchten Personen werden wir gerecht, wenn wir sie mit »sie liebte Frauen« oder mit »er war schwul« charakterisieren. Nach Laura Doan wäre eine solche Charakterisierung des historischen Subjekts bedenklich, denn sie ist gänzlich das Produkt der Erinnerung und nicht der Geschichte.[163] Diese Menschen als lesbisch oder schwul zu bezeichnen, ist eine ahistorische Lesart, die unsere heutige Sichtweise wiedergibt, aber an der historischen Realität vorbeigeht. Vielmehr versuchte ich zu zeigen, wie wir während des Holocaust die Entstehung von queerem Verlangen und einer queeren Form von Kinship beobachten können. Ja, Margot Heuman begriff sich als lesbisch, und Jiří Vrba als schwul, aber wir können dies weder über Margots große Liebe Dita noch über Anne Frank oder Melania Weissenberg sagen. Wir sollten nicht nach ahistorischen sexuellen Identitäten suchen; besser ist es, nach Inhalten queerer Geschichte zu fragen.

Nate Leipcigers Geschichte verdeutlicht die Dimension der sexuellen Gewalt und Ausbeutung in manchen (vermutlich vielen) Beziehungen während des Holocaust.[164] Leipciger berichtete, dass er sich an die ihm auferzwungene Beziehung gewöhnte. Dennoch warf die erlittene sexuelle Gewalt lange Schatten: Leipciger war durch den Missbrauch jahrzehntelang traumatisiert, schämte sich und schwieg.

Das Verschweigen der Erfahrung des erzwungenen queeren sexuellen Tauschhandels bei Leipciger zeigt sich in an-

163 Doan, Queer History Queer Memory (Anm. 4), S. 121.
164 Horowitz, What We Learn, at Last (Anm. 113).

derer Form beim Verschweigen des queeren Verlangens. Margot Heuman, Anne Frank und Melania Weissenberg machten nicht nur Andeutungen, sondern lieferten zum Teil klare Beschreibungen der eigenen Queerness, die aber die Holocaustforschung nicht wahrnehmen wollte. Wie Cheryl Hann zeigt, handelt es sich hier um eine epistemische Ungerechtigkeit.[165] Alle drei Mädchen gelten als wichtige Stimmen des Holocaust, ihre Queerness aber bleibt weitgehend unsichtbar. Wären die queeren Inhalte ihrer Selbstzeugnisse bekannt, wären sie aus der Reihe bekannter Stimmen ausgeschlossen.[166] Es gibt ohnehin nur wenige kanonisierte Holocaustzeugnisse von Frauen, denn ihnen wird eine geringere »epistemic credibility«[167] zuerkannt, so Hann. Indem wir uns weigern, das gleichgeschlechtliche Verlangen in diesen Zeugnissen wahrzunehmen, bringen wir unter Umständen queere Stimmen zum Schweigen. Ohne Teil der Holocaustgeschichte zu sein, verlieren diese Menschen ihre historische Zugehörigkeit und verschwinden.[168] Menschen ohne Geschichte sind Staub.

Kinship queer gedacht, ermöglicht uns, die Entscheidungen und Wahlmöglichkeiten der Holocaustopfer im historischen Kontext zu lesen und sich dem heteronormativen Blick auf »eigentliche Familien« und »Ersatzfamilien« zu widersetzen. Das Konzept zeigt uns Agency, Mentalitäten und Verbindungen, die während des Holocaust entstanden sind. Es gibt Ambivalenzen und schwierigen Geschichten

165 Hann, »If only I had a girlfriend!« (Anm. 77), S. 31-32.
166 Hann, »If only I had a girlfriend!« (Anm. 77), S. 31-32.
167 Hann, »If only I had a girlfriend!« (Anm. 77), S. 31-33; siehe auch Sara Horowitz: Women in the Holocaust Literature. Engendering Trauma Memory, in: *Women and the Holocaust*, hg. von Dalia Ofer und Lenore Weitzman, New Haven 1998, S. 364-368, hier S. 367.
168 Siehe erstes Kapitel.

Raum. Im letzten Jahrzehnt diskutierten Historiker_innen, was sie mit den schwierigen Funden über queere Protagonist_innen tun sollten. Man stritt sich über den Rassismus Magnus Hirschfelds oder die Ansichten Radclyffe Halls.[169] Wir sind aber gut beraten, eine offene, inklusive Geschichte zu denken, die sich nicht fürchtet, Platz für auch unbequeme Funde zu machen.

169 Evans, *Queer Art of History* (Anm. 6); Laurie Marhoefer, *Racism and the Making of Gay Rights: A Sexologist, His Student, and the Empire of Queer Love*, Toronto 2022.